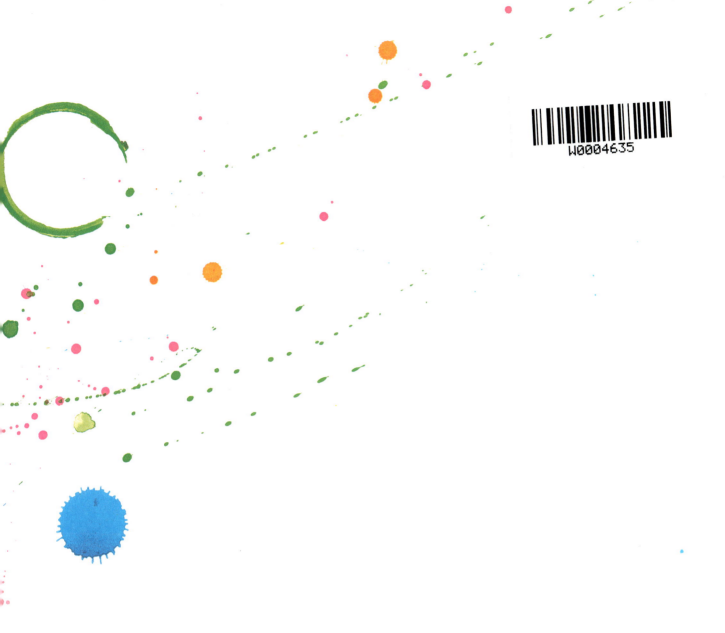

Ich möchte mich bei Uschi, meiner Frau, für ihre anregende Mitarbeit bedanken, bei Regine Felsch sowie Bernd Kolf für die anspornende Unterstützung von seiten des Verlags und bei meinen Kollegen und Freunden dafür, daß sie mir ihre Arbeiten zur Verfügung gestellt haben.

Brian Bagnall

Brian Bagnall

Text: Ursula Bagnall

# Inhalt

Warum zeichnen wir? 8

**Ein Blick zurück** 10
Wie alles begann 12
Griechen und Römer 13
Wie es weiterging 13
Ostasien 14
Zeichnung und Buchdruck 15
Gezeichnete Kritik 16
Angewandte Kunst 17

**Die Welt auf dem Papier** 18
Illustrierte Geschichten 20
Zeichnungen als
  optische Hilfe 22
Bildersprache 24
Karikatur und Cartoon 26
Skizzen 28

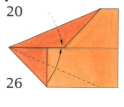

**Bewußt sehen** 32
Vereinfachen 34
*Grundformen* 35
*Besondere Merkmale* 36
*Kompositionshilfe* 37
*Schwierige Formen* 38

Hell und dunkel 40
*Licht und Schatten* 40
*Nuancen erkennen* 42
*Nah und fern* 42

Positive und negative
  Flächen 44
*Sehen lernen* 44
*Gleichgewicht* 46

Perspektive 48
*Augenhöhe und Fluchtpunkt* 48
*Mehrere Fluchtpunkte* 50
*Perspektive – frei interpretiert* 52

Ein kleiner Rückblick 54

**Material und Technik** 56
Bleistift und Farbstifte 58
Kohle und Kreiden 60
Feder, Pinsel und Tusche 62
Marker und Filzstifte 64

**Wie eine Zeichnung entsteht** 66
Die Planung 68
*Motivsuche und Blickwinkel* 69
*Ausdruck und Spannung* 70
*Arbeitsplatz* 72
*Wahl der Technik* 72
*Bestimmen des Ausschnitts* 73
*Wirkung von Farben* 74
*Kontraste* 76

Von der Skizze zur Zeichnung 78
*Ein Beispiel* 78
*Skizzenblock* 79

Komposition mit vier Objekten 80
*Zusammenstellung* 80
*Mut zur Variation* 82
*Experimentieren Sie* 84

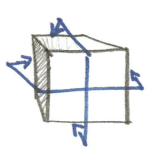

## Themen und Motive 86

Stilleben 88
*Anfangen* 89
*Spiel mit Varianten* 90
*Genaues Beobachten* 92
*Stilleben mit Kreiden* 94
*Mit Schatten spielen* 96

Pflanzen 98
*Skizzieren* 99
*Typisches erfassen* 100
*Darstellungsmöglichkeiten* 102
*Aufbau* 104
*Ausdruck* 106

Landschaften 108
*Einen Ausschnitt suchen* 109
*Blickfang* 110
*Übertreibungen* 112

Städte und Dörfer 114
*Typische Gebäude* 114
*Fassaden* 116
*Ungewöhnliche Ansichten* 118
*Schriftzüge und Schilder* 120
*Anregungen* 122

Menschen 124
*Proportionen* 124
*Vereinfachung* 125
*Hände und Füße* 126
*Bewegungen* 128
*Wesentliches schnell erfassen* 130
*Kopf und Gesicht* 132
*Porträt* 134

Karikaturen 136
*Übertreibungen* 136
*Spiel mit dem Profil* 138
*Typisches* 140
*Phantastische Karikatur* 142
*Anregungen* 144

Tiere 146
*Anatomie* 147
*Grundformen* 148
*Ein Modell finden* 150
*Skizze und Ausarbeitung* 152
*Der Weg zur Karikatur* 154

## Spielereien 156
Zeichnen zur Entspannung 158
Experimente 160
Herkömmliches ungewöhnlich darstellen 162
Spiele und Rätsel 164
Optische Täuschungen 166

## Was noch dazugehört 168
Aufbewahrung 170
Passepartout 171
Glas und Rahmen 172
Farbige Passepartouts 173

Register 174

# Warum zeichnen wir?

Im Gegensatz zum Tier hatte der Mensch von jeher das eigenartige Verlangen, sich auszudrücken, anderen mitzuteilen, was er sieht, erlebt oder fühlt – und zwar nicht nur durch Bewegung, Gebärden und Laute.

Die einfachste Form dazu war schon immer die bildliche Darstellung. Das Strichmännchen zum Beispiel stellt auch heute noch eindeutig einen Menschen dar, egal ob der einzelne dazu nun „human being", „uomo", „homme" oder „Mensch" sagt. Auch kleine Kinder fangen sehr früh an zu kritzeln, auch sie wollen damit etwas ausdrücken. Begeistert erkennen wir dann in dem Ei mit zwei Dreiecken einen Hund und beneiden das Kind um seine unbekümmerte Art der Gestaltung. Denn die meisten Menschen verlieren sehr bald diese unkomplizierte Form, sich auszudrücken.

Sobald die Kinder älter werden, wollen sie das, was sie sehen, „richtig" zeichnen, sie bewundern Bilder in Kinderbüchern, an die ihr eigenes Können nicht heranreicht; und sie lernen in der Schule, daß sie auch beim Zeichnen etwas „falsch" machen können. So setzt sich bei vielen schon früh die Überzeugung fest, nicht zeichnen zu können, ja sogar, es nie gekonnt zu haben. Man kann einen erfolgreichen, intelligenten und selbstbewußten Menschen in größte Verlegenheit bringen, wenn man von ihm beispielsweise verlangt, eine Katze zu zeichnen. „Ich kann doch nicht zeichnen", behauptet dann der, der sich sonst die kühnsten Dinge zutraut. Das Zeichnenkönnen ist eben etwas ganz Besonderes, das nur talentierten Menschen vorbehalten bleibt …

Genau bei dieser falschen Vorstellung setzt dieses Buch ein. Zeichnen lernen kann jeder,

**Auch Kinder wollen sich durch Zeichnen verständlich machen. Zuerst zeichnen sie, nach der Kritzelphase, ihre Umwelt – der Kreis mit zwei kleinen Kreisen darin ist die Mutti –, später dann auch ihre Phantasien und Wünsche.**

der sich damit befaßt, zumindest bis zu einer gewissen Fertigkeit. Und vor allem: Zeichnen macht Spaß, es bereichert, ganz gleich, ob man nun zur Erinnerung Urlaubsskizzen macht oder Entwürfe für weitere Arbeiten, ob man Freunde porträtiert oder lieber Technisches zeichnet. Wichtig ist die Freude und die Befriedigung durch die künstlerische Beschäftigung – es muß ja nicht gleich alles ausstellungsreif sein.

Wir werden versuchen, Ihnen hier möglichst viele Bereiche des Zeichnens zugänglich zu machen, um Ihnen vor manchen Techniken oder Themen die Angst zu nehmen. Viele Aufgaben und Übungen sollen Sie zum selbständigen Arbeiten anregen und dazu, verschiedene Stile auszuprobieren. Aus diesem Grund zeigen wir Ihnen auch Arbeiten der unterschiedlichsten Künstler, damit Sie nicht auf eine Ausdrucksweise festgelegt werden.

Zeichnen ist eine interessante Spielerei mit Wirklichkeit und Phantasie – lassen Sie sich davon einfangen!

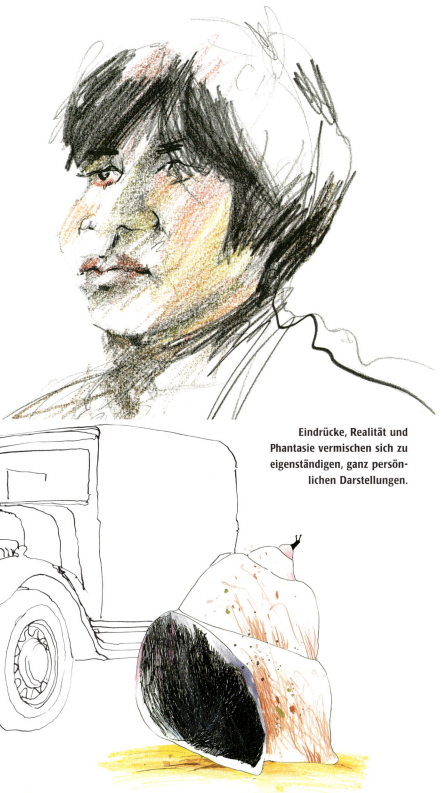

**Eindrücke, Realität und Phantasie vermischen sich zu eigenständigen, ganz persönlichen Darstellungen.**

# Ein Blick zurück

Wenn man es genau nimmt, ist die Zeichnung eine Form der optischen Verständigung. Man braucht nicht dieselbe Sprache zu sprechen, das Bild kann die Worte ersetzen. Das entdeckten schon die ersten Menschen und ritzten Mitteilungen in Felsen. Die Christen zeichneten einen Fisch als Erkennungszeichen in den Sand, und Moritatensänger ergänzten ihren Gesang durch Bildergeschichten.
Die Entwicklung der Zeichnung vom notwendigen Mittel der Erzählung zum eigenständigen Kunstwerk gehört zu den faszinierendsten Kapiteln der Kunstgeschichte.

# Wie alles begann

Die älteste Form der künstlerischen Darstellung ist zweifellos die Zeichnung: Lange bevor Menschen die Schrift erfanden, haben sie schon ihre Gedanken oder Wünsche bildlich festgehalten, sie haben sie in Felsen geritzt oder daraufgemalt.

Benutzt haben sie dazu, was sie hatten: zugeschnittene Feuersteine, um zu ritzen, und Pinsel, um zu malen. Als Farbstoff verwendeten sie Mineralien oder Holzkohle.

Die ältesten Höhlenzeichnungen, die wir heute kennen, stammen aus der Altsteinzeit und beschäftigen sich überwiegend mit Jagdtieren; Menschenformen und andere Symbole kamen erst später hinzu.

Der Grund für die Darstellungen war, so nimmt man an, meist religiöser und ritueller Art. Es wurde von Ahnen und Dämonen erzählt, aber auch vom täglichen Leben.

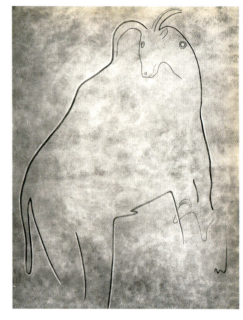

**Antilope mit Elefantenkörper, ein Felsbild aus der Sahara, 105 x 130 cm.**

In Bildern erzählt haben auch die alten Ägypter – der Comic strip ist also gar keine so neue Erfindung. Die Zeichnung diente dabei in erster Linie der Verständigung und hatte in ihren Anfängen noch wenig mit Kunst im heutigen Sinne zu tun.

Die Schrift war in den Anfängen ebenfalls eine vereinfachte Form der Zeichnung, eine Bilderschrift wie bei den Hieroglyphen. Mit ihrer Hilfe konnte man mit weniger Aufwand detailliertere Schilderungen geben. Und genaugenommen ist auch unsere Schrift noch eine Art der Zeichnung, wenn wir auch mit den einzelnen Buchstaben keine Begriffe symbolisieren, sondern einzelne Laute.

**Griechische Vase aus Knossos, Kreta.**

**Ägyptisches Wandbild: Pharao Haremhab betet vor der Göttin Isis.**

# Griechen und Römer

Zurück zur Antike. Bei den alten Griechen war die Zeichnung eine äußerst populäre Kunstform. Schon der römische Historiker Plinius (etwa 23 nach Christus) erzählt von griechischen Künstlern, die mit Silber- oder Bleistiften auf Pergament oder Holz gezeichnet haben; berühmte Mosaike zeugen von großer gestalterischer Kunstfertigkeit.

Mit den Vasenmalereien erreichte die griechische Zeichenkunst damals ihren Höhepunkt. Ähnlich wie schon bei der Felsmalerei wurde in die Vasen geritzt, aber es wurde auch linear darauf „gemalt". Die Griechen hatten die Töpferscheibe erfunden und dazu eine wasser-, säure- und feuerbeständige Farbe. Sie bestand aus eisenoxidhaltigem Ton und verfärbte sich beim Brennen tiefschwarz. Sicher haben Sie schon Abbildungen dieser sehr typischen schwarz-roten oder schwarz-gelben Kunstwerke gesehen.

Viele Künstler waren damals Töpfer und Maler zugleich, was zu großer Harmonie zwischen Gefäßform und Bild führte.

Abgesehen von reichhaltigen Ornamenten bot nicht nur das tägliche Leben zahlreiche Motive, sondern auch die schillernde Mythologie und Geschichte. Schon früh wurden griechische Vasen in andere Länder ausgeführt, was sehr zur Nachahmung anregte – im Besonderen bei den Römern. Die römische Kunst basierte schon immer auf der griechischen, wurden doch bereits früh griechische Kunstschätze nach Italien gebracht und dort mit Begeisterung gesammelt.

**Michelangelo, Studien zur libyschen Sibylle.**

# Wie es weiterging

Es hat lange gedauert, bis zum 15. Jahrhundert, bis das Zeichnen zur eigenständigen Kunstform wurde. Bis dahin war es darstellerische Notwendigkeit oder schmückendes Beiwerk. Erst die Renaissance verhalf der Zeichnung zu Ansehen. Große Künstler wie Leonardo da Vinci (1452–1519), Raffael (1483–1520) und Michelangelo (1475–1564) machten Naturstudien und zeichneten detailliert ihre Beobachtungen auf. Zum ersten Mal wurde die Anatomie des menschlichen Körpers genau studiert und zeichnerisch festgehalten. Bald war das Zeichnen Voraussetzung für die Malerei: Ein guter Maler mußte auch ein guter Zeichner sein. Die Zeichnung diente nicht mehr nur zur Vorbereitung einer Malerei oder einer Plastik, sie wurde festgehaltene Beobachtung und damit eigenständige Kunst. Jacopo Bellini (ca. 1400–1470) zum Beispiel zeichnete zwei Skizzenbücher, die seine Söhne Gentile und Giovanni zu Arbeiten anregten. Und Leonardos Werke sind bis heute unübertroffen. Gezeichnet wurde meist mit Zeichenkohle, Rötel, Metallspitze, Kreide und Pinsel.

**Leonardo da Vinci, weiblicher Kopf im Profil.**

# Ostasien

Die gesamte asiatische Kunst zu beschreiben würde Bücher füllen. Doch erwähnt sei das große Können der chinesischen und der japanischen Künstler. Gemalt und gezeichnet wurde mit Pinseln und Tusche auf Papier oder auf präparierter Seide. Da auch die Schrift eine Kunstform darstellte, nämlich die Kalligraphie, wurden Bild und Text häufig miteinander verbunden. So konnten zum Beispiel geschriebene Gedichte den Hintergrund für eine Landschaft bilden. Die linearen Pinselzeichnungen wurden dann in verschiedenen Techniken koloriert.

In Japan war der Einfluß der buddhistischen und auch der chinesischen Kunst sehr stark. Die meist religiösen Themen wurden erst mit der Verbreitung des Zen durch lebensnahe Motive ersetzt. Einen Meilenstein setzte da der Japaner Ishikawa Moronobu: Er druckte im Jahr 1685 einen Stich mit weltlichen Motiven. Der fand so viel Anklang, daß viele andere Künstler die Idee übernahmen. Japanische Drucke erreichten im 18. und 19. Jahrhundert Frankreich und beeinflußten stark die dortigen Impressionisten.

**Oben: Ein Vielfarbenholzschnitt von Kitagawa Utamaro (1753–1806) mit dem Titel „Zwei Oiran".**

**Rechts: Von Wu Li (1632–1718) „Lebenskraut-Sammeln am Ts'en-Wei-Anwesen", 1659, Farben auf Papier.**

# Zeichnung und Buchdruck

Eine neue Aufgabe bekam die Zeichnung durch Buchillustrationen und durch die Erfindung des Buchdrucks im 15. Jahrhundert. Bücher gab es bereits kurz nach der Geburt Christi. Mönche schrieben auf einzelne Pergamentblätter, die dann gebunden wurden. Sie ersetzten die etwas mühsam zu lesenden Papierrollen. Diese handgeschriebenen Blätter wurden kunstvoll bemalt, und so entstand die Miniaturmalerei. Die Nachfrage nach solchen Büchern war groß, und bald entstanden auch weltliche Schreiberwerkstätten, in denen ein Mann diktierte und andere das Gehörte niederschrieben. Diese weltlichen Bücher wurden mit kolorierten Federzeichnungen illustriert und mit Rändern und besonders hervorgehobenen Anfangsbuchstaben (Initialen) verziert. Im Vergleich zu den kunstvollen Miniaturen der Mönche waren diese Zeichnungen allerdings eher primitiv.

Das Schreiben von Hand war eine mühsame Angelegenheit, und so kam man auf die Idee zu drucken. Bild und Text wurden spiegelverkehrt in eine Holztafel geschnitten, die erhobenen Stellen färbte man ein. Man legte das Papier darauf und druckte durch Reiben der Rückseite die Form ab. Für jede Seite brauchte man also eine eigene Drucktafel. Durch das Abdrucken entstanden erhabene Konturen auf der Rückseite des Papiers, deshalb klebte man immer zwei Rückseiten zusammen. Dadurch wurden die Bücher sehr dick; wir kennen sie als Blockbücher.

Dieses Druckverfahren war sehr umständlich, und es konnten keine hohen Auflagen hergestellt werden. Es eignete sich besser für die Vervielfältigung kleiner Einzelbilder wie unter anderem von Kartenspielen, die im 14. und 15. Jahrhundert sehr beliebt waren.

Außer dem Holzschnitt gab es auch andere Druckverfahren, wie zum Beispiel den Kupfer- und Stahlstich, später die Lithographie. Aber immer konnten nur wenige Einzelblätter bedruckt werden.

Erst Gutenbergs Erfindung, einzelne Buchstaben in Blei zu gießen und jedesmal neu zusammenzusetzen, ließ den Druck großer Auflagen zu. Ein Meister des Holzschnitts war übrigens Albrecht Dürer (1471–1528). Er reiste viel, war sehr kreativ und ungeheuer begeisterungsfähig. Er lernte in Italien Bellini, Tizian und Leonardo kennen. Für alles Neue war er aufgeschlossen; er gab es weiter, und so ist ihm die Verbreitung des Holzschnittes in ganz Europa zu verdanken.

Unten: ein Ausschnitt aus der „Apokalypse"; die Eröffnung des sechsten Siegels (Sternenfall) von Dürer.

Links: Eine gotische Handschrift aus der Prager Wenzelsbibel, geschrieben zwischen 1380 und 1390.

Ein Blick zurück 15

# Gezeichnete Kritik

Mit der Möglichkeit der Vervielfältigung entstanden auch die ersten „Comics": die Bilderbogen. Das waren gezeichnete Bildfolgen, die von Trachtenbildern über Satireblätter bis zu Bildergeschichten reichten. Der Text dazu bestand aus wenigen, meist gereimten Zeilen. Während man im Mittelalter aus Gründen des Aberglaubens einen Menschen nie so darstellte, wie er wirklich aussah, entwickelte sich im 19. Jahrhundert nun die Karikatur. In dieser aus der englischen Kunst übernommenen Art der Zeichnung wurden Eigenheiten aufgegriffen und übertrieben, Mißstände wurden angeprangert. Unübertroffener Meister seiner Zeit war Honoré Daumier (1808–1879).
Immer mehr Einfluß bekam die politische Karikatur. Im 19. Jahrhundert entstanden überall in Europa satirische Zeitschriften, so unter anderem „Punch" in Großbritannien und die „Fliegenden Blätter" in Deutschland.
Ein Zeichner mußte nun schon längst kein Maler mehr sein, um Anerkennung zu finden: Die Zeichnung selbst galt als Kunstbegriff. Durch den „Simplizissimus", eine politisch-satirische Wochenschrift, wurden bei uns Olaf Gulbransson (1873–1958) und Heinrich Zille (1858–1929) als Zeichner berühmt. Seine ganz eigene Art der zeitkritischen Bildergeschichte hat Wilhelm Busch (1832–1908) entwickelt.

**Ganz oben eine Zeichnung von Honoré Daumier: „Gestörte Nacht (Familienszene)".**

**Mitte: Ein Streifen der Bilderfolge „Das Nasenland" von Karl Stauber aus den Münchner Bilderbogen (19. Jahrhundert). Links ein Beispiel von Wilhelm Busch.**

# Angewandte Kunst

Einen neuen Bereich der Zeichnung verdanken wir Toulouse-Lautrec (1864–1901), der mit seinen Lithograpien das Plakat zum Kunstwerk erhob.

In England waren es die Brüder Beggarstaff (Brothers Beggarstaff), die das englische Plakat zum Höhepunkt der Plakatkunst brachten. Diese Brüder waren allerdings gar keine echten Brüder, sondern zwei völlig selbständige Künstler (Jamens Pryde und William Nicholson), die sich unter diesem Pseudonym zusammengetan hatten.

Zeichnungen waren in der angehenden Werbung das, was für uns heute Fotos sind. Gezeichnet wurden die Produkte selbst, aber auch schmückendes Beiwerk und Menschen – eben all das, was wir heute in der gedruckten Werbung meist fotografiert sehen. Die gezeichneten Kaufhauskataloge der zwanziger Jahre haben, ebenso wie Anzeigen und Plakate jener Zeit, inzwischen großen Liebhaberwert erlangt.

Plakate, auf Blech gedruckt, finden wir – keineswegs preiswert – beim Antiquitätenhändler, und manche Firmen holen die alten gezeichneten Werbemittel wieder aus den Archiven hervor und drucken sie neu, sie wirken als besonderer Blickfang.

Heute ist die Zeichnung aus dem täglichen Leben nicht mehr wegzudenken, wir finden sie im künstlerischen Bereich ebenso wie in der Werbung und der Technik. Auch Sie selbst haben sicher schon gezeichnet – und wenn es nur Telefon-Kritzeleien waren.

Zeichnen hat etwas mit dem Leben in allen seinen Erscheinungen zu tun. Eine Zeichnung kann schön sein, frech, nützlich, lustig, aufrüttelnd, unterhaltsam, informierend und vieles mehr.

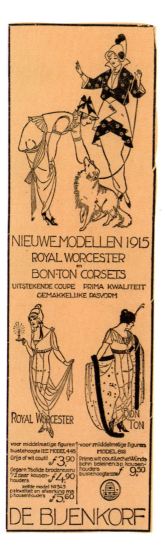

**Eine Anzeige aus dem Katalog des holländischen Kaufhauses „De Bijenkorf".**

**Oben: Ein Ausschnitt aus einem Verlagsplakat von Henri Toulouse-Lautrec für das Buch „Reine de joie" von Victor Joze. Darüber der Ausschnitt einer Titelseite von Punch, 1911.**

# Die Welt auf dem Papier

Was fällt Ihnen spontan bei dem Wort „Zeichnung" ein? Eine Karikatur oder ein Witz? Kindergekritzel oder eine Buchillustration – oder vielleicht die schematische Darstellung des Funktionsprogrammes Ihres Fernsehers?
Zeichnungen begegnen uns heute überall, und zwar in den unterschiedlichsten Formen, Ausführungen und Bedeutungen. Wir wollen versuchen, einen kleinen Überblick über die Vielfältigkeit der Anwendungsmöglichkeiten zu geben.

# Illustrierte Geschichten

Obwohl wir mit Foto und Film, mit Computern und anderen modernen Kommunikationstechniken bestens vertraut sind – die Zeichnung ist aus unserem täglichen Leben nicht mehr wegzudenken, auch wenn sie nicht immer als das zu erkennen ist, was man im allgemeinen darunter versteht.

So sind Verkehrszeichen ebenso vereinfachte Zeichnungen wie Hinweisschilder; wir finden Zeichnungen auf Briefmarken und Postkarten, auf Geschenkpapieren und T-Shirts, in Büchern und in Zeitungen.

Mit künstlerischen Entwürfen, Vorskizzen zu Bildern und gezeichneter Kunst kommen eigentlich nur die Menschen in Berührung, die sich dafür besonders interessieren oder selbst Ambitionen in dieser Richtung haben. Doch auch allen anderen begegnen Zeichnungen immer wieder, beim Einkaufen auf Packungen und Plakaten ebenso wie beim Fernsehen in der Werbung oder in manchen Restaurants auf der Speisekarte.

Schon kleine Kinder beginnen, in einfachen Pappbüchern Dinge des täglichen Lebens wiederzuerkennen. Märchen- und Bilderbücher regen die Phantasie an, auch in Jugendbüchern finden sich noch vereinzelt Illustrationen. Während beim Kinderbuch die Illustration noch eine Art Information darstellt (wenn sie auch manchmal als Eingriff in die Phantasie

**"Pilzomelett" ist ein Buchumschlag, bei dem die Zeichnung das wichtigste Element ist. Die Zeichnungen mit dem handgeschriebenen Titel sind das Erkennungszeichen dieser Buchreihe. Daneben sehen Sie einen Cartoon, eine kleine Bildergeschichte ohne Worte.**

des Kindes angeprangert wird), setzt man sie in anderen Büchern meistens als schmückendes Element ein.

Zum Kaufen eines Buches soll natürlich das Titelbild einladen; die Zeichnung auf dem Umschlag hat dort vor allem eine werbende Funktion.

Es ist kein weiter Schritt von der Buchillustration zur gezeichneten Geschichte, dem Comic strip. Ich möchte hier nicht auf die zwiespältige Rolle eingehen, die der Comic strip in pädagogischer und gesellschaftlicher Hinsicht spielt; Tatsache ist, daß er existiert und eine große Anhängerschaft hat. Diese gezeichneten Bildergeschichten kommen mit wenig Text aus, und daher hat das Bild die wichtigste erzählerische Aufgabe. Abgesehen von den Billig-Comics, die wirklich kein sehr hohes Niveau haben, gibt es künstlerisch hochwertige Comic strips, die sich schon zu einer eigenen Kunstform entwickelt haben.

Auch in den anderen Medien hat die Zeichnung ihren festen Platz. Manche (Fach-)Zeitschrift wird durch sie lesenswerter; die politischen Karikaturen sind als ironische Kritik nicht mehr aus den Zeitungen wegzudenken; jede Illustrierte hat ihre Witzseite, und im Fernsehen gibt es auf allen Kanälen – und das nicht nur für Kinder – Zeichentrickfilme.

**Eine Seite aus dem Bilderbuch „Willimaus" von Laurie Sartin und Brian Bagnall zeigt das Bild links. Unten eine Illustration mit eigener Aussage: Kater James.**

Die Welt auf dem Papier

# Zeichnungen als optische Hilfe

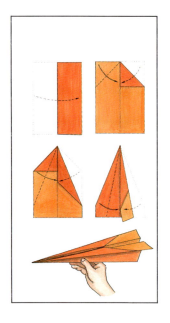

Der Büchermarkt bietet natürlich ein weites Feld für alle Arten von Zeichnungen. Vignetten lockern den Text auf, Buchstaben werden verziert, manchmal erleichtern Lagepläne oder Stammbäume das Verstehen eines Romans. All das ist eigentlich schmückendes Beiwerk, das dem Geschmack und der Laune von Verlegern oder Grafikern entspringt. Wichtiger jedoch wird die Zeichnung bei Schul-, Lehr- und Sachbüchern.

Fangen wir mit der Vorschulerziehung an. Da wird im Bild gezeigt, was das Kind noch nicht lesen kann. Seine eigenen Erfahrungen entdeckt es wieder, oder es vervollständigt sie mit Hilfe des Bildes. Das Kind lernt Neues, das es in sein tägliches Leben aufnehmen soll. Mit Hilfe von Bildern wird ihm der Sinn von Zahlen und Buchstaben beigebracht.

In der Schule dann hat die Illustration vor allem zwei Funktionen: Sie lockert trockenen Unterrichtsstoff etwas auf und verdeutlicht Dinge, die in Worten nur umständlich zu erklären oder schwer zu verstehen sind. Da man sich häufig etwas, das man gesehen hat, leichter merken kann als etwas nur Gehörtes, sind die Illustrationen zugleich Gedächtnisstützen. Denn viele Menschen haben ein ausgeprägtes visuelles Gedächtnis und merken sich optische Eindrücke leichter als akustische.

So sind die beiden einzigen lateinischen Worte, die ich bis heute behalten habe, „agricola – der Bauer" und „asinus – der Esel". Direkt neben diesen Vokabeln war nämlich ein Bauer auf einem Esel abgebildet, und das erschien mir, damals elf Jahre alt, sehr eigenartig. Ich hatte nie einen Bauern auf einem Esel gese-

**Wie man einen Papierflieger baut, das läßt sich gut mit Zeichnungen darstellen.**

**Mit „Brians Malschule" lernen Kinder, wie man Dinosaurier zeichnet. Als Begleitperson führt eine kleine Maus in Form einer Vignette durch das Buch.**

hen. Aber das Bild habe ich heute noch in Erinnerung – und damit immerhin zwei lateinische Vokabeln.

Auch in der Technik dient die Zeichnung häufig dem besseren Verständnis. Ich denke nicht nur an Konstruktionszeichnungen, die natürlich auch unter den Begriff „Zeichnung" fallen, sondern mehr an Gebrauchsanweisungen und Bastelanleitungen, die jedem von uns helfen, einen Vorgang nachzuvollziehen.

Das gilt für den Bereich des Bastelns ebenso wie für das Installieren technischer Einrichtungen. Schon das Falten eines Verpackungskartons kann ohne gezeichnete Information einiges Kopfzerbrechen bereiten. „Falten Sie die rechte, schräg verlaufende Kante nach links unten, und stecken Sie sie waagerecht in den danebenliegenden, parallelverlaufenden Schlitz ..." ist einfach viel schwerer zu verstehen als eine Zeichnung mit entsprechenden Hinweispfeilen.

Ein wichtiger Bereich der Zeichnung dringt nur selten an die Öffentlichkeit: Entwürfe. Viele Werbefotos werden zuerst skizziert, und der Fotograf muß dann sein Motiv nach dieser Vorlage arrangieren, bevor er die Aufnahme macht. Bühnenbilder werden zuerst gezeichnet, bevor sie ausgeführt werden.

Das gleiche gilt für Bühnenkostüme und für die Mode. Wir bekommen ja meistens nur die fertigen Produkte zu sehen – die Skizzen verschwinden in Archiven. Dabei sind gerade diese Entwürfe oft von großem Reiz und hoher künstlerischer Qualität – bei berühmten Bühnenbildnern und Modeschöpfern sogar von hohem Wert.

**Gerade als Abbildungen in der Botanik oder Medizin werden Zeichnungen bevorzugt; denn viele Feinheiten lassen sich gar nicht fotografieren.**

**Links unten: Modezeichnungen werden auch manchmal in der Werbung verwendet, hier gezeichnet von Tom Rummonds.**

Die Welt auf dem Papier   23

# Bildersprache

Vom Fernsehen und auch von Zeitungen und Illustrierten sind wir das fotografierte Bild gewohnt. Es vermittelt uns detaillierte Informationen, da die Wirklichkeit relativ genau abgebildet wird. Als Kurzinformation allerdings ist das Foto im allgemeinen weniger geeignet. Die durchgestrichene Zigarette macht uns das Rauchverbot einfach deutlicher als das Foto eines nicht rauchenden Menschen.

Wir merken es kaum und folgen doch täglich Symbolen und deren Aussagen: im Straßenverkehr. In diesem Bereich sind schnelle und klare Informationen nötig, da kein Mensch die Zeit hat, beim Fahren auch noch komplizierte Erklärungen zu lesen. Die notwendigen Informationen müssen knapp und deutlich sein, dazu braucht man klare Bilder. Manches ist leicht zu verstehen, wie zum Beispiel die beiden Kinder mit Schulranzen als Hinweis auf eine Schule oder der Zug, der vor dem Bahnübergang warnt. Andere Zeichen, wie etwa für Vorfahrtregelungen oder Halteverbote, müssen erst gelernt werden.

Das Bild bleibt das wichtigste Kommunikationsmittel zwischen den Menschen. Natürlich ist die Sprache im direkten Umgang miteinander wichtiger, doch schon beim Urlaub in einem fremdsprachigen Land nützen uns ge-

**Oben: Ein lustiges Rauchverbot, der Sticker als Beilage in einem Cartoonbuch über das Rauchen. Rechts: Ein Ausschnitt aus einer Werbung für eine neue Papiersorte. Der aufblasbare Elefant soll die Leichtigkeit und Stärke des Produkts symbolisieren.**

zeichnete Hinweisschilder mehr als schriftliche Erklärungen.

Bahnhöfe und ganz besonders Flughäfen haben ihre eigene Bildersprache. Auch die Geschäftswelt kommt nicht mehr ohne sie aus. Firmenzeichen sollen das schnelle Erkennen einer bestimmten Firma ermöglichen; kleine Symbole, sogenannte Senderkennungen, zeigen uns, welche Fernsehstation wir gerade eingeschaltet haben und so weiter.

Auch Bedienungsknöpfe an Geräten sind mit Symbolen versehen, um ihre Funktion deutlich zu machen (was nicht immer ganz glückt). Ein neues gestalterisches Feld in dieser Beziehung tat sich in den letzten dreißig Jahren auf: Die Piktogramme der Olympischen Spiele wurden entwickelt. Die einzelnen Sportarten sollten auf leicht erkennbare Weise so dargestellt werden, daß sie von der ganzen Welt verstanden werden können. Und das ist auch geglückt: Selbst bei flüchtigem Hinschauen erkennt man einen Menschen bei seiner Tätigkeit.

Bei diesen Piktogrammen spielt es keine Rolle, daß die Formen von der Wirklichkeit stark abweichen – oft fällt ein Arm oder ein Bein der Vereinfachung zum Opfer –, denn Hauptziel ist die leichte Erkennbarkeit und nicht die perfekte Abbildung.

**Hier eine kleine Auswahl von Zeichen und Piktogrammen: das Symbol für Straßenrennen, das Verbot für Fahrradfahrer und die Warnung vor Detonation. Eindeutig als Richtungsweiser ist die Hand zu erkennen. Das grüne Signet gehört zu einer Firma für Autotelefone.**

Die Welt auf dem Papier

# Karikatur und Cartoon

Schon Künstler wie Leonardo da Vinci und Albrecht Dürer skizzierten gerne ungewöhnliche Gesichter mit eigenartigen Nasen, Augen oder Profilen. Francisco José Goya (1746–1828) karikierte das spanische Königshaus, ohne daß das den Betroffenen bewußt wurde. Die Übertreibung besonderer Merkmale macht Eigenheiten deutlich und hebt das Typische hervor. Wenn wir heute das Wort „Karikatur" hören, denken wir wahrscheinlich zuerst an die politische Karikatur, die wir täglich in fast allen Zeitungen finden. Sie nimmt Stellung zu politischen Ereignissen oder Situationen. Doch auch die Prominenten selbst werden nicht verschont, sie werden verzerrt und auf den Arm genommen. Die Karikatur soll uns zum Schmunzeln bringen, zum Lächeln über große und kleine Probleme.

Was ist nun im Vergleich dazu der Cartoon? Das ist nicht so leicht zu sagen, da die Grenzen fließend sind. Doch eigentlich ist der Cartoon einfach eine witzige Zeichnung (meist ohne Worte), die vielleicht etwas weniger hart und kritisch ist als die Karikatur. Man kann darunter aber auch eine Geschichte verstehen, die in mehr als einem Bild erzählt wird.

**Leicht zu erkennen: Prinz Charles von England.**

„Auf der Abgeordnetenbank" nennt sich die Zeichnung (Kupferstich) von William Hogarth (1697–1764).

Es müssen nicht immer bestimmte Persönlichkeiten sein, die karikiert werden. Unten wird ein besonderer Typ von Frau auf den Arm genommen.

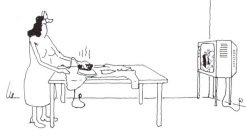
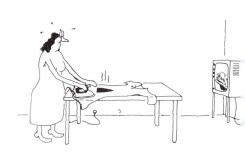

Mit der zunehmenden Verbreitung von Zeitungen und Zeitschriften sowie Trickfilmen wurden Karikaturen und Cartoons immer populärer. Man kann sich selbst und erlebte Situationen darin finden oder aber mit einer gewissen Schadenfreude über Mißgeschicke anderer lachen. Im Laufe der Zeit entwickelte sich daraus eine anerkannte Kunstform, die sogar auf Akademien gelehrt wird. Es gibt bekannte Zeichner, die sich ausschließlich mit dieser Thematik beschäftigen und daher Karikaturisten und Cartoonisten genannt werden. Karikatur wie Cartoon leben vom Augenblick, von der momentanen Situation. Manche Karikaturen sind schon nach ein paar Jahren kaum mehr zu verstehen, weil man über die zurückliegende Situation nichts mehr weiß. Das gilt natürlich besonders für den politischen Bereich.

Keiner bestimmten Technik, keinen Regeln und Gesetzen unterworfen, können Karikatur und Cartoon aus dem Rahmen fallen, provozieren oder verwirren. Wichtiger als die Art der Ausführung bleibt die Idee und ihre Übermittlung sowie die leichte Verständlichkeit, die möglichst viele Menschen erreichen soll.

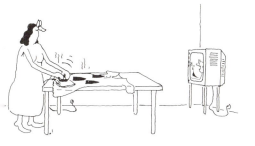

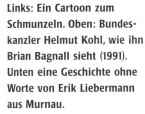

**Links: Ein Cartoon zum Schmunzeln. Oben: Bundeskanzler Helmut Kohl, wie ihn Brian Bagnall sieht (1991). Unten eine Geschichte ohne Worte von Erik Liebermann aus Murnau.**

Die Welt auf dem Papier

# Skizzen

*"Disegnia antonio disegnia antonio disegnia antonio disegnia e non perder tempo"*

„Zeichne, Antonio, zeichne, Antonio, zeichne und verliere keine Zeit." Diesen Satz schrieb Michelangelo seinem Assistenten Antonio Mini auf ein Skizzenblatt. Ein paar hundert Jahre später sagte mein erster Zeichenlehrer – der übrigens Bildhauer war – etwas ganz ähnliches zu mir: „Zeichne, was auch immer du siehst und so oft du kannst, denn Zeichnen ist die Basis für jede Art von Kunst."

Mit dem Zeichnen studiert man sozusagen auf dem Papier, was man vor sich sieht. Man erforscht Formen und Zusammenhänge, macht sich klar, was wesentlich ist, übertreibt und verfremdet, wenn es einem angebracht erscheint.

Skizzen sind im allgemeinen Vorbereitungsarbeiten. Wer ein Bild malen will, wird sich vorher ungefähr aufskizzieren, wie die Proportio-

**Oben: Eine Studie von Michelangelo Buonarotti (1475–1564) zum Fresko „Auferstehender Christus" für die Sixtinische Kapelle.
Rechts: „Der trunkene Lot" von Rembrandt (1606–1669).**

nen sein sollen, wo der Schwerpunkt liegt – kurz, wie die Gesamtkomposition in etwa aussehen wird. Oft sind diese ungezwungenen Zeichnungen ebenso reizvoll wie das fertige Bild. Deshalb läßt sich heute auch nicht mehr so genau auseinanderhalten, was nun eine Skizze ist und was schon eine fertige Zeichnung. In einer Zeit, in der oft die Idee bereits als Kunstwerk gilt, verschwimmen die Grenzen sehr leicht.

Die interessantesten Aussagen bekannter Künstler findet man häufig in deren Skizzenbüchern. Dort sind Stimmungen festgehalten, man erkennt, was den Künstler beeindruckt oder angeregt hat. Schon aus der Renaissance kennt man berühmte Skizzenbücher. Wie bereits erwähnt, regten Jacopo Bellinis Skizzen seine Söhne an und gaben ihnen den Mut, wie Künstler zu sehen und zu fühlen. In den Skizzenbüchern war man nicht zur Vollständigkeit gezwungen, da dort ja kein fertiges Bild entstehen mußte.

Der französische Maler Claude Lorrain (1600–1682) zum Beispiel war ein nahezu fanatischer Anhänger davon, im Freien zu zeichnen. Er füllte Skizzenbücher mit Landschaftsperspektiven und Details von Dingen, die er in einer Landschaft fand. Er war seiner Zeit voraus – es machten sich übrigens damals gerade die Pilgerväter auf, mit der Mayflower von England nach Amerika zu segeln.

Zu den interessantesten Skizzenbüchern gehören zweifellos die von William Turner. Er reiste viel durch England, Frankreich, Deutschland und Italien und hielt all seine Eindrücke in Skizzen fest. Diese Skizzen geben einen sehr detaillierten Einblick in Gedanken und Beobachtungen, in Eindrücke und Erfahrungen während seiner Reisen.

Heutzutage scheinen sich viele Künstler mehr auf Polaroids oder andere Fotos zu verlassen, um ihre Eindrücke in Erinnerung zu behalten. Dies ist zwar ein durchaus effektiver Weg, doch er ersetzt nie ganz die Intensität eines Skizzenblocks. Wenn ich heute in meinen alten Skizzen blättere, kommen viele Erinnerungen in Einzelheiten zurück. Auch was ich dachte, fühlte, für richtig oder falsch hielt, wird mir wieder gegenwärtig. Ich werde zurückversetzt in die Art, wie ich Menschen und Szenen damals sah. Es ist ein erfrischendes Gefühl, das damalige Ich mit dem jetzigen zu vergleichen.

**Schnelle Skizzen halten Eindrücke fest und müssen nicht unbedingt mit der Realität übereinstimmen. Hier war es ein Dorf auf einem Hügel, das auf mich wie eine Burg wirkte und das ich deshalb auch so skizziert habe. Die Farbflächen machen alles plastischer und verstärken die Stimmung.**

**Claude Lorrain (1600–1682) hieß eigentlich Gellée, seine Landschaftsskizzen bestechen durch starke Räumlichkeit. Hier eine Landschaft mit Wachturm.**

Die Welt auf dem Papier 29

**Vincent van Gogh (1853–1890), Bauernhof in der Provence, Rohrfederzeichnung.**

**Jean-Antoine Watteau (1684–1721)** füllte dicke Skizzenbücher mit allen Arten von Studien und Details, die er später in seinen Bildern weiterverwendete. Oben: Studien von sitzenden Frauen und Frauenköpfen.

**Auguste Rodin (1840–1917)** war Bildhauer. Zur Vorbereitung für seine Skulpturen pflegte er unendlich viele Skizzen zu machen. Oben: Sitzendes Mädchen.

**Raffaello Santi (Raffael, 1483–1520), Studienblatt aus dem Florentiner Skizzenbuch mit Motiven zum Thema „Mutter und Kind" (oben).**

Ein großes Urlaubsvergnügen ist es für mich, kleine Kompositionen in der Landschaft zu entdecken und festzuhalten. Dabei interessieren mich auch ungewöhnliche Kompositionen, die man eigentlich so nicht zeichnen würde. Ein Beispiel dafür ist der Blumentopf, der zum Teil von dem Pfeiler verdeckt wird.

**Eine Ansicht Venedigs von der Lagune von William Turner (1775–1851) sehen Sie links. Über eine Bleistiftskizze ging er mit Feder und Kreide, darüber malte er dann mit Aquarellfarben. Die Grenze zwischen Zeichnung und Malerei ist hier nicht mehr eindeutig, aber die Skizze ist ein wichtiger Bestandteil des Bildes.**

Die Welt auf dem Papier

# Bewußt sehen

Es klingt so gut: sich einfach in die Landschaft setzen und zeichnen, was einem gefällt. Doch da beginnt schon die Schwierigkeit. Was von all dem, was man da sieht, soll man zeichnen?
Es ist gar nicht so einfach, die dreidimensionale Wirklichkeit auf ein flaches, nur zweidimensionales Papier zu bannen. Da muß einiges weggelassen und vieles vereinfacht werden, denn schließlich kann man nicht jedes einzelne Blatt eines Baumes zeichnen oder jedes Haar eines Hundes. Dieses Übersetzen der Natur muß geübt werden.
Lernen, die Dinge richtig zu sehen, zu vereinfachen und dann erst auf das Papier umzusetzen sind wichtige Voraussetzungen für das realistische Zeichnen.

# Vereinfachen

Alles, was wir sehen, ist normalerweise plastisch und verschiebt sich in der Perspektive. Um es auf Papier umzusetzen, müssen wir es für uns selbst erst einmal vereinfachen. Wenn Sie zum Beispiel einen Baum zeichnen, können Sie schlecht an einem Ende anfangen und dann der Reihe nach alle Äste und Blätter zeichnen. Sie müssen zuerst die Gesamtform des Baumes erkennen und dann seine Besonderheiten hinzufügen.

**Auch wenn die Form nicht tatsächlich kreisrund ist, so kann man doch zur Vereinfachung den Kreis ansetzen.**

# Grundformen

Eine große Hilfe bei der Vereinfachung sind fünf Grundformen, die man sich leicht merken und die man überall entdecken kann: das Rechteck, der Kreis, das Oval, das Dreieck und das Quadrat. Sehen Sie sich einmal in Ihrer Wohnung um: Welche Gegenstände tendieren, wenn man von zusätzlichem Dekor absieht, zu einer der fünf Formen?

In der Kanne, der Tasse und der Frucht links sind Kreise, Vierecke und Ovale ganz leicht zu erkennen. Auch wenn mir als Hauptmerkmal dieses Geschirrs vor allem Ornamente ins Auge fallen, so bleibt doch die Form selbst das Wichtigste, denn sie macht die Gegenstände zu dem, was sie sind. Bei komplizierten Motiven hilft es, die Augen etwas zusammenzukneifen. Sie sehen dann nur noch die Gesamtform, Details verschwimmen.

Ein Stuhl läßt sich ganz einfach zeichnen: zwei Vierecke für Lehne und Sitz, vier Striche für die Beine. Im Prinzip ist auch der Ohrensessel unten nichts anderes.

**Wie würden Sie diesen simplen Stuhl ausstatten? Aus der Grundform läßt sich ein „richtiger" Stuhl entwickeln.**

### Übungen

*Setzen Sie zuerst den Stuhl, dann das Stillleben auf dem Foto in die Grundformen um. Zeichnen Sie dabei die einzelnen Formen vollständig durch, auch wenn sich Linien überschneiden. Es wird Ihnen so der Verlauf der einzelnen Formen klarer. Wenn die Gesamtformen feststehen, können Sie Schatten und Verzierungen hinzufügen.*

*Suchen Sie sich einfache Gegenstände, die Sie zu Hause haben, und versuchen Sie, auch diese zeichnerisch in Grundformen umzusetzen.*

Bewußt sehen 35

# Besondere Merkmale

Das Vereinfachen eines Motives mit Hilfe seiner Grundformen dient nur dazu, eine Grundlage zu schaffen, auf der man aufbauen kann. Wenn die Grundform stimmt, kann mit dem „Rest" nicht mehr viel schief gehen.

Nehmen wir einen Apfel als Beispiel. Seine Grundform ist ein Kreis, auch wenn der Kreis nicht eindeutig als solcher zu sehen ist. Zeichnet man ihn jetzt nur als Umrißlinie, ist der Apfel zwar erkennbar, hat aber noch keine besonderen Merkmale. Durch die Farbe im zweiten Beispiel wird er schon mehr charakterisiert: Es ist ein roter Apfel. Die unterschiedliche Farbtönung macht ihn plastisch. Wir wollen auf Licht und Schatten im Moment noch nicht näher eingehen, damit beschäftigen wir uns auf Seite 40/41 intensiver. Hier wollen wir nur beobachten, wie sich die vereinfachte Form auf dem Papier zu einem „richtigen" Apfel entwickeln kann.

**Bei gleicher Grundform: Der Apfel ist im dritten Beispiel angebissen, zweifellos ein besonderes Merkmal. Der halbierte Apfel bekommt ein Oval zur Hilfe, Ausgangspunkt aber bleibt auch hier der Kreis, genauso wie bei dem grünen Apfel, bei dem ein Teil durch Überschneidung verdeckt ist.**

**Äpfel mit besonderen Merkmalen – was fällt Ihnen noch zum Thema „Apfel" ein? Machen Sie doch ein paar Skizzen!**

# Kompositionshilfe

Bleiben wir bei den Äpfeln. Hier haben wir eine fein ausgearbeitete Zeichnung mit Farbstiften (unten rechts). Der Aufbau dieses Stillebens beruht wieder auf den Grundformen, wie die zuvor angefertigte Skizze zeigt. Die Kreise sind in diesem Fall weniger wichtig, um die Form der Äpfel zu erfassen, sondern mehr, um deren Standort auszumachen. Das Durchzeichnen der Formen macht die Lage der einzelnen Äpfel und die notwendigen Überschneidungen klar. Das Sehen und Festhalten der Grundformen ist also auch dann wichtig, wenn man eine Komposition erfassen möchte.

## Übung

*Suchen Sie sich einen vertrauten Gegenstand, zum Beispiel Ihre Kaffeekanne, einen Schuh oder eine Zimmerpflanze. Sehen Sie sich den Gegenstand genau an; dann legen Sie ihn außer Sichtweite und versuchen, ihn aus dem Gedächtnis zu zeichnen. Wenn Sie fertig sind, vergleichen Sie die Realität mit Ihrer Zeichnung – wie gut war Ihre Beobachtung?*
*Zeichnen Sie dann den Gegenstand ab. Sie werden feststellen, daß Sie manche Details daran vorher nie bemerkt haben. Wenn es Ihnen Spaß macht, verändern Sie nun den Gegenstand, so ähnlich, wie ich es mit dem Apfel gemacht habe: Fügen Sie etwas hinzu, lassen Sie etwas weg, zerknautschen Sie ihn – das Was und Wie hängt natürlich von dem gewählten Gegenstand ab.*

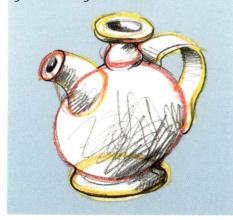

Bewußt sehen

# Schwierige Formen

Das Reduzieren auf Grundformen bietet sich überall an. Gerade schwierige Motive lassen sich so leichter verstehen. Nehmen wir als Beispiel ein berühmtes Werk, ein Selbstporträt des zwanzigjährigen Dürer. Fängt man bei einem Porträt mit dem linken Auge an und fügt man dann nach und nach das restliche Gesicht hinzu, werden die Proportionen vermutlich nie stimmen. Man muß sich auch in diesem Fall zuerst die Gesamtform anschauen. Als nächstes muß man herausfinden, wo Vertiefungen sind und was hervorsteht – die Nase zum Beispiel steht natürlich eindeutig hervor, die Augen treten zurück. Man unterteilt die Gesamtform am besten in mehrere Grundformen, um die Plastizität des Motivs besser zu begreifen.

**Ein jugendliches Selbstbildnis von Albrecht Dürer (1471–1528), eine Federzeichnung.**

Bei einem Koloß wie dem Elefanten könnte man meinen, seine Form sei ganz leicht zu zeichnen. Doch setzt man ihn besser ebenfalls aus unterschiedlichen Grundformen verschiedener Größe zusammen.

Auch bei Karikaturen, also Übertreibungen, hilft es, wenn man sich zuerst über die Proportionen klar wird. Steht der „Grundriß" einmal fest, kann man wieder alles mögliche hinzufügen.

### Übung

*Nehmen Sie ein Porträtfoto (oder setzen Sie sich vor einen Spiegel), und versuchen Sie, das Gesicht in einfache Formen aufzulösen. Achten Sie dabei besonders auf hervor- und zurücktretende Teile. Die Ähnlichkeit ist in diesem Fall unwichtig; Sie sollen nur versuchen, ein Gefühl für die Proportionen zu bekommen.*

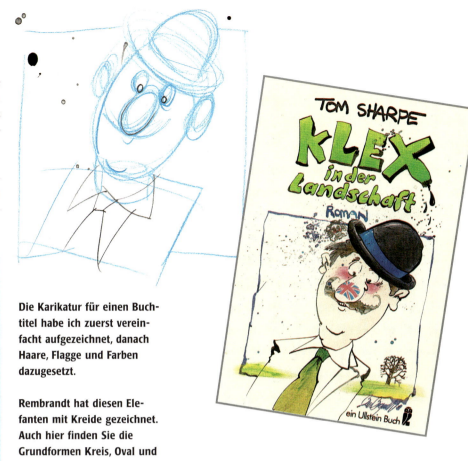

**Die Karikatur für einen Buchtitel habe ich zuerst vereinfacht aufgezeichnet, danach Haare, Flagge und Farben dazugesetzt.**

**Rembrandt hat diesen Elefanten mit Kreide gezeichnet. Auch hier finden Sie die Grundformen Kreis, Oval und Rechteck.**

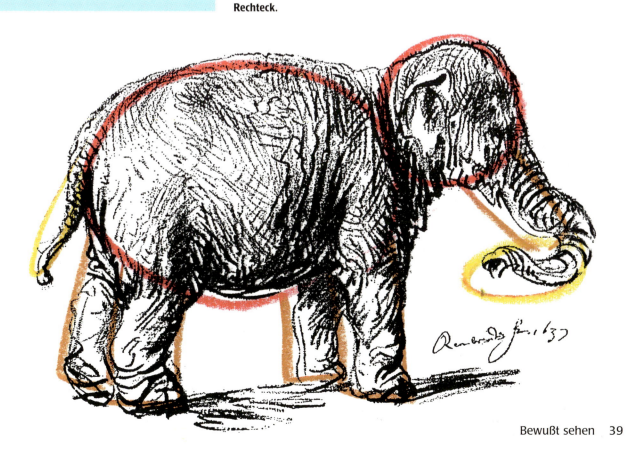

Bewußt sehen

# Hell und dunkel

Nicht nur die Umrisse der gezeichneten Formen sind wichtig, sondern auch die Helligkeiten und Dunkelheiten der einzelnen Flächen. Das spielt besonders bei Darstellungen, bei denen es auf Plastizität ankommt, eine wichtige, wenn nicht sogar ausschlaggebende Rolle.

## Licht und Schatten

Ein wichtiger Bestandteil eines jeden Bildes ist das Licht. Licht kann Aussehen, Farbe und Form eines Gegenstandes verändern, es erzeugt starke Kontraste oder läßt alles in Eintönigkeit verschwimmen. Beginnen wir mit dem Einfluß, den das Licht auf die Formen hat und wie es sich darstellen läßt.

### Kein gezieltes Licht

Kreis, Quadrat und Dreieck sind hier in der ersten Reihe einfache, geometrische Formen, die nichts weiter aussagen. Sie sind vollkommen flach und zeigen keinerlei Plastizität.

### Licht von links oben

Stellen wir uns nun vor, links oben sei eine Lichtquelle: Schon bekommen die geometrischen Formen einen Körper. Das Licht wirft auf der Form selbst einen Schatten, den wir deshalb „Körperschatten" oder „Eigenschatten" nennen. Besonders die Darstellung des Körperschattens formt den Gegenstand; je nach Lichtstärke ist der Schatten schwächer oder deutlicher ausgeprägt – vorhanden ist er immer.

Da die wenigsten Gegenstände in der Luft schweben, wirft das Licht noch einen weiteren Schatten, den Schlagschatten. Er entsteht auf dem Untergrund. Zeichnen wir ihn, festigt er die Position des Gegenstandes. Die Schattenlänge hängt von der Höhe der Lichtquelle ab. Je höher das Licht steht, um so kürzer wird der Schatten. Wie Sie sicher selbst schon beobachtet haben, gibt es mittags den wenigsten Schatten, da die Sonne hoch steht.

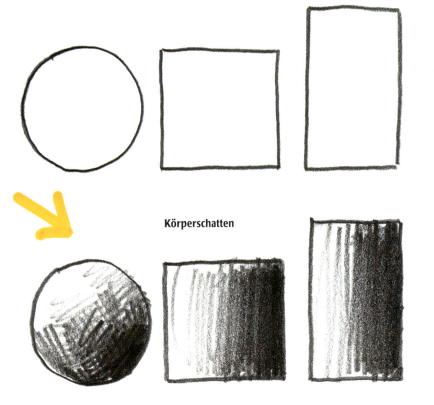

Körperschatten

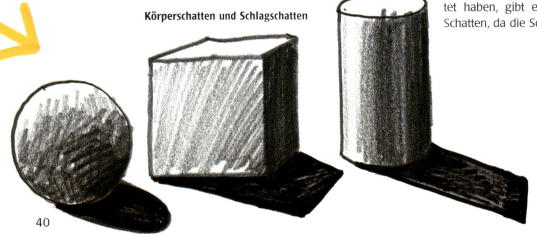

Körperschatten und Schlagschatten

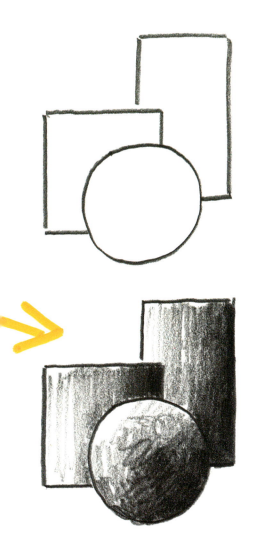

### Übung

Nehmen Sie zwei einfache Gegenstände, am besten einen Becher und einen Apfel (oder eine andere runde Frucht). Mit einer Lampe beleuchten Sie dieses Motiv von verschiedenen Seiten und Höhen. Machen Sie jedesmal Skizzen davon, wie die Schlagschatten fallen und was sich an den Körperschatten verändert.

Auch hier spielt es keine Rolle, wie genau Sie die Gegenstände zeichnen. Wichtig ist allein, daß Sie ein Gefühl für Licht und Formen bekommen.

**Oben: Zeichnet man Kreis, Viereck und Rechteck mit Überschneidungen, entsteht nur wenig räumlicher Eindruck. Fügt man Körperschatten hinzu, werden daraus eine Kugel, ein Würfel und zwei Zylinder.**

**Hier stehen mehrere Gegenstände im Licht, ihre Schatten fallen aufeinander, was wiederum die einzelnen Formen betont. Ihre Schlagschatten ergeben eine neue Gesamtform, nämlich die, die sich aus den Einzelschatten zusammensetzt.**

## Nuancen erkennen

Ein Schatten ist nicht einfach schwarz oder grau, er hat die unterschiedlichsten Nuancen, da er von den Farben des Gegenstandes und seiner Umgebung beeinflußt wird. Diese Nuancen werden „Tonwert" genannt, also eine Bezeichnung für die Helligkeit der Farbe.

Der dunkelste Tonwert ist Schwarz, der hellste Weiß. Dazwischen liegen viele Nuancen – sie zu erkennen kann man üben. Beobachten Sie Ihre Umgebung, und versuchen Sie, die Tonwerte zu vergleichen. Ist etwa das glitzernde Meer heller als die weiße Möwe am Himmel oder umgekehrt?

## Nah und fern

Durch die verschiedenen Tonwerte kann der Eindruck von Tiefe entstehen. Im allgemeinen wirkt etwas Dunkles näher als etwas Helles. Das liegt daran, daß weiter entfernte Dinge unschärfer, grauer und weniger detailliert erscheinen. Es liegt ein Dunst zwischen uns und dem Entfernten. Nehmen Sie zum Beispiel Berge am Horizont, die oft nur schemenhaft in ihren Umrißformen zu sehen sind.

Zum leichteren Verständnis habe ich für das Bildbeispiel links nur sechs Abstufungen gewählt.

Obwohl hier genaugenommen nur Formen in verschiedenen Tonwerten übereinandergesetzt wurden, wirken die helleren Flächen weiter entfernt als die dunklen.

**Dunkles drängt optisch in den Vordergrund, Helles nach hinten. Der gleiche Effekt entsteht natürlich auch mit farbigen Tonabstufungen.**

Will man den Eindruck von Höhe erwecken, kann man mit den Tonwerten diese Wirkung noch steigern. Denn auch wenn man nach oben schaut, befindet sich Luft zwischen dem Betrachter und dem Zielpunkt des Auges. Der näher liegende Teil erscheint daher in der Regel dunkler als der weiter entfernte.
Gebäude oder Bäume wirken also höher, wenn man sie nach oben hell verlaufen läßt. Ich rate Ihnen, sich eine einfache Tonwertskala anzulegen (wie in den Beispielen links) und ein paar Versuche zu machen. Sie müssen dabei gar keine gegenständlichen Formen verwenden, nehmen Sie einfach Dreiecke, Vierecke oder Phantasieformen.

**Oben helle, unten dunkle Tonwerte: So läßt sich hier der Eindruck von besonderer Höhe erzeugen.**

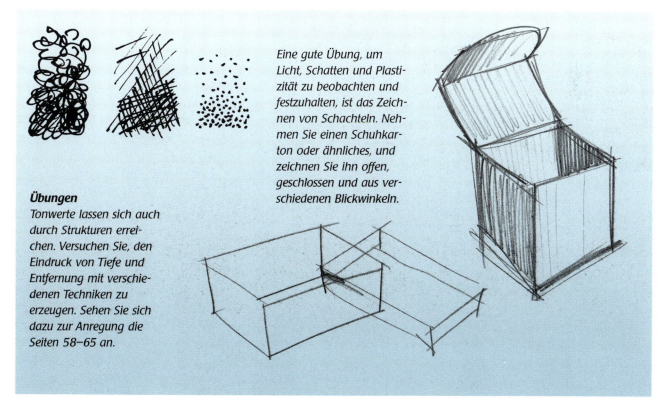

*Eine gute Übung, um Licht, Schatten und Plastizität zu beobachten und festzuhalten, ist das Zeichnen von Schachteln. Nehmen Sie einen Schuhkarton oder ähnliches, und zeichnen Sie ihn offen, geschlossen und aus verschiedenen Blickwinkeln.*

*Übungen*
*Tonwerte lassen sich auch durch Strukturen erreichen. Versuchen Sie, den Eindruck von Tiefe und Entfernung mit verschiedenen Techniken zu erzeugen. Sehen Sie sich dazu zur Anregung die Seiten 58–65 an.*

Bewußt sehen

# Positive und negative Flächen

Wenn Sie etwas anschauen, sehen Sie meistens den Gegenstand selbst, also seine positive Form. Was man in der Regel nicht registriert, sind die negativen Formen, die automatisch außen herum entstehen.

Für eine Komposition spielen diese negativen Flächen aber eine ebenso wichtige Rolle wie die positiven. Ein Bild hat durch seinen Rand Begrenzungen: Zwischen diesen Begrenzungen und dem abgebildeten Objekt ergeben sich ganz eigene Formen. Wenn man sich dieser Formen bewußt ist und sie gezielt in die Zeichnung mit einbezieht, hat man es leichter, die richtigen Proportionen zu finden.

## Sehen lernen

Sehen Sie sich die beiden ersten Bilder unten an. Links sehen Sie auf den ersten Blick eine schwarze Kanne, rechts vermutlich eine weiße. Das liegt aber nur an Ihrer Sehgewohnheit – es könnte sich im zweiten Bild doch ebensogut um ein weißes kannenförmiges Loch handeln, und die schwarze Form wäre das eigentliche Objekt!

Stellt man mehrere Gegenstände zusammen, ergeben sich dazwischen und rundherum natürlich viele negative Flächen. Bleiben wir trotzdem bei einem einfachen Beispiel: Die Kanne steht auf einem Tisch. Damit haben wir zwei positive Formen vor weißem Hintergrund. Wir registrieren aber auch verschiedene negative Formen hinter farbigem Vordergrund – oder sind das lauter gleichwertige Formen? Genaugenommen sind es lauter gleichwertige Formen, die nur durch die Farbgebung unterschiedliche Wichtigkeit bekommen. Welche negativen Flächen erkennen Sie?

Tisch und Kanne bilden, wie das vierte Bild rechts oben zeigt, zusammen eine geschlossene Form, ebenso der begrenzte Hintergrund. Es kommt eigentlich nur auf die Vorstellungen des Künstlers an: Was ist ihm in seinem Bild wichtig? Er könnte zum Beispiel Kanne und Tisch als Nebensache behandeln, dafür aber die bunte Tapete als Hauptelement betrachten. In diesem Fall würde er sich nur mit der negativen Form beschäftigen und die Kanne mit dem Tisch auf ein Minimum an Wichtigkeit beschränken.

Nun stelle ich mehrere Kannen auf den Tisch und betrachte einmal sämtliche Kannen als Ganzes. Es entstehen negative Flächen bei den Überschneidungen, aber auch zwischen den Tischbeinen.

Wo finden Sie die kleine Fläche rechts, die ich hier herausgenommen habe?

**Eine Bereicherung für Ihr Sehen ist es, wenn Sie lernen, bestimmte Sehgewohnheiten außer Kraft zu setzen – beispielsweise durch die Konzentration auf die negativen Flächen, was hier mit der Kanne demonstriert wird.**

### Übung
*Zeichnen Sie dieses Bild ab, ohne es vorher von der richtigen Seite anzusehen. Erst danach drehen Sie es um – vergleichen Sie Ihre Zeichnung damit. Nun zeichnen Sie es „normal" ab. Welche Ihrer beiden Zeichnungen trifft das Original besser? Es ist häufig so, daß das auf den Kopf gestellte Bild besser getroffen wird als das andere, weil man nicht in gewohntes Sehen verfällt, sondern automatisch positive und negative Formen gleichwertig behandelt. Probieren Sie das Ganze auch mit einem Foto.*

# Gleichgewicht

Bei allen bekannten Bildern werden Sie eine Ausgewogenheit der Flächen finden, die sich in Form von Spannung, in Symmetrie oder absichtlicher Disharmonie zeigen kann. Ich habe Ihnen ein paar Beispiele herausgesucht, bei denen die bewußte Behandlung von positiven und negativen Flächen deutlich wird.

Die Zeichnung von Rembrandt (1606–1669) mit dem Titel „Junge Frau bei der Toilette" erhält ihre Eindringlichkeit nicht zuletzt durch den intensiven Farbton, den der Künstler für die negativen Flächen neben den Figuren gewählt hat. Erst dieses Zusammenspiel von Linien und hellen Partien in der Mitte und der gewichtigen Fläche daneben sorgt für die Spannung innerhalb der Komposition.

Unten ein Gemälde von Dominique Ingres (1780–1867): „Liegende Odaliske". Auf den ersten Blick fällt die positive Form ins Auge: die liegende Frau. Wenn Sie aber genauer hinsehen, ist der Bildmittelpunkt eine dunkle Fläche. Erst diese Fläche rückt den Akt in die richtige Position. Nur durch die sie umgebenden negativen Flächen bekommt die Figur ihre starke Wirkung.

**Rembrandt van Rijn (1606–1669): „Junge Frau bei der Toilette".**

**Aubrey Beardsley (1872–1898): „Garçons de Café" und „Zwillinge".**

**Links und unten:
Die „Liegende Odaliske" von Dominique Ingres besteht aus drei großen Flächen, die sich gegenseitig unterstützen: Eine ist positiv (1), und zwei sind negativ (2 und 3).**

Der englische Zeichner Aubrey Beardsley (1872–1898) entwickelte einen sehr eigenen, flächigen Stil und arbeitete überwiegend schwarzweiß. Er spielte in ungewöhnlicher Form mit positiven und negativen Flächen, die seine Bilder manchmal fast abstrakt scheinen ließen.

„Garçons de Café", also „Ober eines Cafés", ist der Titel des einen Bildes, „Zwillinge" der Titel des anderen. Die Komposition der schwarzen und weißen Flächen zueinander, das Spiel mit Schürzen, Jacken und Schuhen, führt im ersten Beispiel zu eigenständigen, nahezu abstrakten Formen. Im Kontrast dazu stehen die angeschnittenen Tische, die die negative Fläche beeinflussen.

Bei dem anderen Beispiel tritt ebenfalls der Gegensatz großer und kleiner Flächen in den Vordergrund; entlang der Baumkonturen scheint die negative Himmelsfläche auf eigenartige Weise nach vorn zu springen.

Sehen Sie sich einmal einige bekannte Bilder an, und versuchen Sie, deren negative und positive Flächen zu erkennen.

Bewußt sehen

# Perspektive

**Das Quadrat ist flach. Daraus soll ein Würfel werden.**

Künstler früherer Zeiten haben sich nicht mit der Perspektive, wie wir sie heute kennen, herumschlagen müssen; sie kannten sie nämlich gar nicht. Was im Bild dominierend sein sollte, wurde größer, Unwichtiges kleiner dargestellt. In anderen Kulturen, wie zum Beispiel in Ägypten und im Orient, wurde eine Art „Treppendarstellung" entwickelt: Alles, was am oberen Bildrand war, galt als weit entfernt, alles am unteren Rand gelegene dagegen als nah. Dabei spielte die Größe der einzelnen Darstellungen keine Rolle.

Die europäischen Künstler begannen in der Renaissance, sich stärker mit der Räumlichkeit zu beschäftigen. Tiefenraumdarstellungen gab es zwar schon im Mittelalter, doch die Fluchtpunktperspektive wurde erst im 15. Jahrhundert angewandt.

Inzwischen ist Perspektive ein sehr weitläufiges Gebiet, und es lassen sich ganze Bücher darüber verfassen. Doch wenn man frei zeichnen möchte, genügen einige Grundkenntnisse, die dabei helfen, daß die Häuser oder Kirchen auf dem Papier nicht umfallen.

## Augenhöhe und Fluchtpunkt

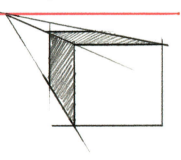

**Die horizontal von uns wegstrebenden parallelen Linien verlaufen zum Fluchtpunkt; das Quadrat wird plastisch, es ist jetzt ein Würfel.**

Ausgangspunkt für alles, was wir sehen und zeichnen wollen, sind unsere Augen. Deshalb ist auch unsere Blickrichtung und unser Standort ausschlaggebend für die Perspektive. Ob wir nun auf einem Berg stehen oder am Boden liegen, die Augenhöhe ist immer „unsere" Horizont- oder Bezugslinie, also auch, wenn sie dem tatsächlichen Horizont gar nicht entspricht.

Was wir sehen, verkürzt oder verschiebt sich optisch. Um das darstellen zu können, brauchen wir als Hilfsmittel Fluchtpunkte auf dem Horizont. Alle horizontalen und parallelen Linien verlaufen in den Fluchtpunkten ins Unendliche. Die vertikalen, also die senkrechten Linien, stehen im rechten Winkel zu der Horizontlinie.

Begnügen wir uns zunächst mit einem Fluchtpunkt. An dem Beispiel links sehen Sie, wie aus einem einfachen, flachen Quadrat ein plastischer Würfel wird, bei dem sich alle parallelen Linien, die von uns wegstreben, in einem Fluchtpunkt treffen.

Sehen wir uns rechts drei einfache Variationen an, bei denen sich nur die Augenhöhe verändert. Bei der oberen Abbildung (1) liegen die zwei waagerechten Würfelflächen oberhalb und unterhalb unserer Augenhöhe. Die Fluchtlinien fallen also ab und steigen zum Horizont hin an. Die senkrechten Linien bleiben davon unberührt.

Nun verändern wir lediglich die Augenhöhe, also unseren Standpunkt. Wenn der Horizont über dem Objekt liegt, heißt das, daß wir es von oben betrachten – wir nennen das „Vogelperspektive" (2). Liegt die Augenhöhe am unteren Bildrand oder sogar darunter, wird daraus die „Froschperspektive" (3).

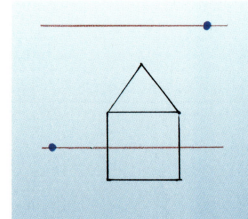

*Übung*
*Probieren Sie die drei Perspektiven an einem einfachen Haus aus. Benutzen Sie dazu zuerst die bereits angegebenen Horizontlinien mit Fluchtpunkten. Wenn es Ihnen Spaß macht, können Sie sich danach noch andere ausdenken.*

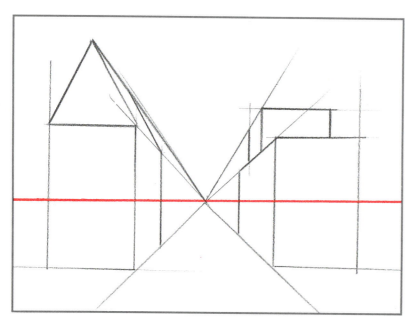

# Mehrere Fluchtpunkte

Es kommt oft vor, daß der Fluchtpunkt nicht neben dem Objekt liegt, wie das auf den vorigen Seiten der Fall war, sondern auch innerhalb des Gegenstandes, etwa wenn wir ihn frontal sehen, also direkt davor stehen, oder wenn wir in einen Raum blicken oder in eine Straße hinein. Sie läßt sich so ganz leicht perspektivisch erfassen.

Wenn wir jedoch auf die Ecke eines Hauses schauen, benötigen wir für die Konstruktion auf der Horizontallinie zwei Fluchtpunkte, und zwar auf verschiedenen Seiten des Objektes. Sie verändern ihre Position, wenn wir auch unseren Standpunkt ändern.

Besser als theoretische Erklärungen ist das Ausprobieren. Nehmen Sie zwei einfache Würfel, und zeichnen Sie sie mit verschiedenen Fluchtpunkten wie im Beispiel unten.

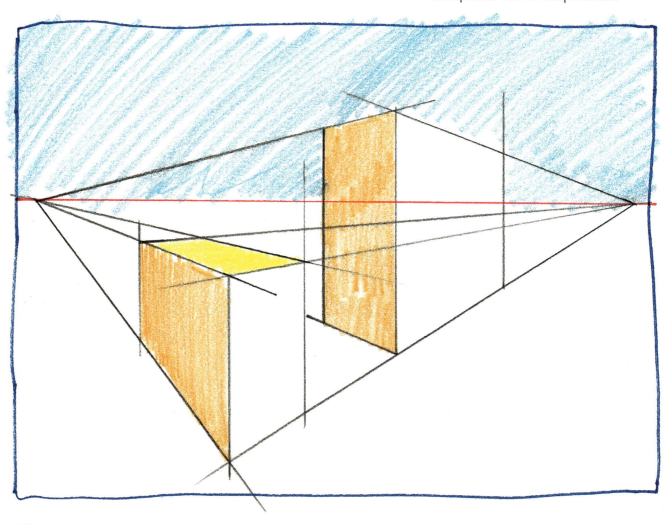

Viele Formen lassen sich mit Hilfe der beiden Fluchtpunkte perspektivisch richtig darstellen. Wer gerne in Städten zeichnet oder Gebäude skizziert, sollte sich durch mehrere Übungen damit vertraut machen. Übrigens muß man wissen, daß die Fluchtpunkte nicht immer innerhalb der Bildfläche liegen, sondern auch außerhalb.

Sobald jedoch die Objekte nicht mehr rechtwinklig zueinander stehen oder wenn Straßenbiegungen oder Steigungen vorkommen, reichen zwei Fluchtpunkte nicht mehr aus. Auch die parallelen Linien von schrägen Hausdächern weisen nicht auf die Horizontlinie hin. Doch würde es zuviel des Guten bedeuten, hier auf alle Besonderheiten einzugehen. Für unsere Zwecke reicht es, die Grundzüge zu verstehen.

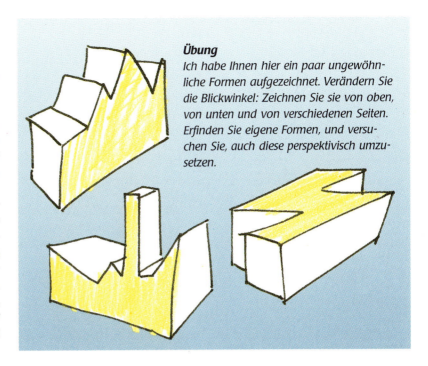

### Übung
Ich habe Ihnen hier ein paar ungewöhnliche Formen aufgezeichnet. Verändern Sie die Blickwinkel: Zeichnen Sie sie von oben, von unten und von verschiedenen Seiten. Erfinden Sie eigene Formen, und versuchen Sie, auch diese perspektivisch umzusetzen.

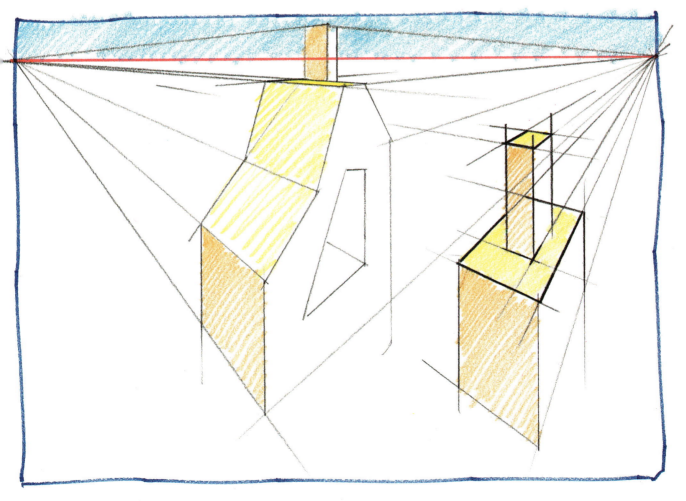

Bewußt sehen

# Perspektive – frei interpretiert

Nach all den Regeln auf den letzten Seiten, so könnte ich mir vorstellen, denken Sie jetzt mit leichtem Schrecken an das Zeichnen von Gebäuden und ähnlichem. Doch ein angenehmer Unterschied zwischen einem Architekten und einem Künstler ist der, daß der Künstler nicht befürchten muß, die gezeichneten Häuser könnten einstürzen; bei ihm macht es also gar nichts aus, wenn die Perspektive nicht stimmt.

Der französische Maler Eugène Delacroix (1798–1863) sagte einmal, daß man die Perspektive studieren, sie aber dann wieder vergessen sollte. Gemeint ist damit, daß es wichtig sei zu wissen, wie man mit der Perspektive umgeht, daß man sich aber dann nicht von ihr einengen lassen sollte. Regeln sind dazu da, um sie zu brechen – das bedeutet aber auch, sie zuerst zu kennen und dann Willen und Mut aufzubringen, um gegen sie anzugehen. Verlieren Sie also nicht Ihre Spontaneität durch allzu festes Verharren in perspektivischen Gesetzen. Sie sehen an diesem Beispiel, was ich meine.

Als Grundkonstruktion hilft das perspektivische Aufskizzieren. Aber erst die Kombination mit einer freien Zeichnung (unten) macht aus der Konstruktion eine künstlerische Arbeit. Ich habe hier mit wasserlöslichen Filz- und Farbstiften gearbeitet und bin mit dem (wassergefüllten) Pinsel vor allem in die Schattenflächen gegangen.

Noch ein Schritt weiter: Ich setze die Kirche auf einen Hügel und verzerre absichtlich die Perspektive. Die so entstandenen Diagonalen verstärken die Lebendigkeit und sorgen für eine dynamische Wirkung. Der Turm fällt trotz seiner „gefährlichen" Lage nicht um; er strebt von dem Kirchenschiff weg und gibt so die Möglichkeit zu allerlei Bildinterpretationen.

**Oben sehen Sie die perspektivisch richtige Konstruktion (mit zwei Fluchtpunkten). Daraus wird im nächsten Schritt eine lockere Zeichnung.**

Übertreibung, Veränderung und eigene Interpretationen sind das Recht eines Künstlers, auch wenn es sich um perspektivische Zeichnungen handelt.

# Ein kleiner Rückblick

Sehen wir uns all das, was auf den letzten Seiten besprochen wurde, noch einmal an praktischen Beispielen an.
Frei nach einem Motiv von René Magritte (1898–1967) habe ich einen Apfel in einen imaginären Raum gesetzt. Die Grundformen sind leicht zu erkennen: der Kreis und verschiedene Drei- und Vierecke.
Plastisch wird der Apfel durch die Schatten, die das vom Fenster kommende Licht wirft. Der

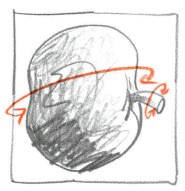
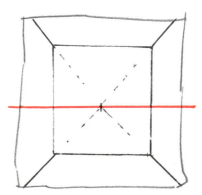

**Die Augenhöhe befindet sich hier in der Bildmitte, ebenso der Fluchtpunkt. Legen Sie ein Transparentpapier über das Bild, und zeichnen Sie die perspektivischen Linien zur Kontrolle ein. Die Technik der Zeichnung: wasserlöslicher Filzstift und Farbstifte.**

Körper- oder Eigenschatten, der übrigens fast immer heller ist als der Schlagschatten, formt den Apfel; der Schlagschatten macht seinen Standort klar.

Der Raum ist mit Hilfe eines zentralen Fluchtpunktes gezeichnet, wir stehen also mitten im Zimmer und direkt vor dem Objekt.

Bei der Zeichnung von Vincent van Gogh (1853–1890), dem „Blick auf Arles" (unten), wird die Tiefe durch unterschiedliche Tonwerte erreicht, die hier durch verschiedene Strukturen entstehen. Die dichten und mit stärkeren Strichen angelegten Wiesenstrukturen vorne bringen die Pflanzen näher – sie sind auch deutlicher gezeichnet. Nach hinten vereinheitlicht sich die Wiese zu einer Fläche aus Punkten und kleinen Strichen. Der Ort begrenzt das Ganze, er ist deutlich zu erkennen, auch wenn er sich nur aus Strichen und Punkten zusammensetzt.

Die positiven und negativen Flächen sind bewußt gegeneinander ausgespielt. Wie ich in der Skizze angedeutet habe, ist jede der vier Flächen wichtig, lediglich die Betonung ist unterschiedlich.

Wenn es Ihnen Spaß macht, untersuchen Sie doch einmal andere (oder Ihre eigenen) Bilder unter diesen vier Aspekten: Grundformen – Licht und Schatten – positive und negative Flächen – Perspektive.

„Blick auf Arles" von Vincent van Gogh. Die Skizze daneben zeigt, wie Hell und Dunkel, Nähe und Ferne mit Strukturen erzeugt werden können. Oben: die vier Hauptflächen, positiv und negativ.

# Material und Technik

Weniger ist oft mehr – das gilt auch für das Zeichenmaterial. Es gibt unendlich viele Stifte, Kreiden und Federn; die Auswahl an Papier und Farben ist so groß, daß es schwerfällt, sich zu entscheiden. Schaffen Sie sich also für den Anfang erst einmal nur eine kleine Auswahl an verschiedenen Materialien an, bis Sie herausgefunden haben, was Ihnen am meisten liegt. Wir zeigen Ihnen dann, was man mit den verschiedenen Zeichenutensilien machen kann – Sie müssen allerdings selbst ausprobieren, was Ihnen persönlich am besten gefällt. Sie sollen Spaß haben und ruhig auch experimentieren – auf Packpapier kann man nämlich zu genauso interessanten Resultaten kommen wie auf edlem Bütten.

# Bleistift und Farbstifte

Sicher haben Sie schon oft einen Bleistift benutzt, aber kennen Sie auch seine Vielseitigkeit? (Diese Stifte enthalten heute übrigens kein Blei mehr, sondern in erster Linie Graphit.) Das Angebot an Bleistiften ist riesig, man verwendet aber gemeinsame Bezeichnungen: H kennzeichnet härtere Stifte, geeignet für exakte und nicht so schwarze Striche. Lebendigere Linien bekommt man mit B-Stiften, die weicher sind. 6B ist dabei weicher als 1B. HB ist ein Mittelding, das zwischen H und B liegt. Für den Anfang genügt ein harter (1H oder 2H), ein mittlerer (HB oder 1B) und ein sehr weicher (6B) Stift. Die Bleistifte gibt es im Holzmantel als festen Stift oder als lose Minen für Klemmstifte im Handel. Was Sie bevorzugen, müssen Sie selbst herausfinden; ein Unterschied in den Anwendungsmöglichkeiten besteht nicht.

Mit dem Papier ist es einfach, Sie können alles nehmen, was Ihnen gefällt. Bei strukturiertem Papier bleibt die Struktur durch die Zeichnung hindurch sichtbar. Holzfreie Papiere sind jedoch anderen vorzuziehen, da sie lichtechter sind und nicht vergilben.

Als Radiergummi würde ich einen weichen Plastikradierer empfehlen – er schmiert weniger – und eventuell Knetgummi. Wie der Name sagt, läßt er sich kneten, also nach Bedarf verformen. Er nimmt aber nur losen Pigmentstaub auf; das heißt, er radiert nicht vollständig sauber. Wenn Sie gerne weichen Bleistift verwischen und nicht die Finger dazu benutzen möchten, wählen Sie dazu spezielle Wischer. Das sind Rollen aus weichem Papier in Stiftform, die man nach Belieben anspitzen kann. Und damit hören wir auch schon auf mit der Theorie und probieren die Stifte einfach aus.

**Die Linie verändert sich mit dem Druck der Hand (rechts); zeichnet man öfter übereinander, wird die Fläche dunkler. Gespitzte Minen ergeben feinere Linien als abgeschabte.**

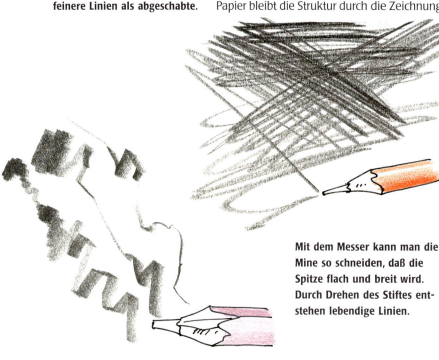

**Wie Gras wirken die schnellen Striche mit dem weichen 6B-Stift.**

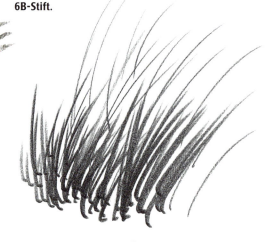

**Mit dem Messer kann man die Mine so schneiden, daß die Spitze flach und breit wird. Durch Drehen des Stiftes entstehen lebendige Linien.**

**Durch unterschiedlich kräftiges Aufdrücken verändert sich die Stärke der Linien. Unten sehen sie wie gekräuseltes Wasser aus,...**

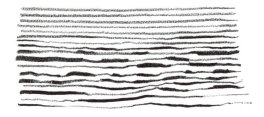

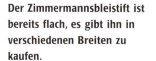

**Der Zimmermannsbleistift ist bereits flach, es gibt ihn in verschiedenen Breiten zu kaufen.**

In der Landschaftsskizze finden Sie viele der Variationen und Strichmöglichkeiten wieder. Natürlich spielt bei der Gesamtwirkung einer Bleistiftzeichnung auch das Papier eine Rolle: Auf rauhem Papier nehmen die Striche die Struktur des Papiers an (rechts), auf glattem hingegen läßt sich gut schraffieren und mit Feinheiten arbeiten.

Mit Farbstiften können Sie im Prinzip genauso umgehen wie mit Bleistiften. Es gibt sie allerdings nicht in so vielen Härtegraden, dafür aber wasserfest und wasserlöslich. Durch Übereinanderzeichnen lassen sich Mischtöne erzielen; malt man mit dem nassen Pinsel über wasserlösliche Farben, kann man damit aquarellieren.

**Rauhes Papier erzeugt rauhe Strukturen.**

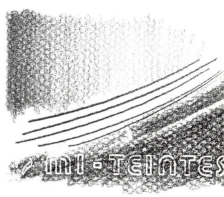

**Über Schablonen gezeichnet sind die Kreise und Ovale.**

**Interessante Perspektiven und Formen können allein schon durch die Anordnung von Linien und Strichen entstehen.**

... hier werden sie eher streng eingesetzt.

**Unten: wasserlösliche Farbstifte, mit dem Pinsel vermalt.**

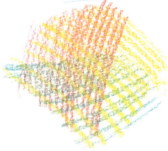

### Übung
Lassen Sie einmal Ihren Gefühlen freien Lauf! Probieren Sie verschiedene Stifte aus, indem Sie die Hand einfach locker und ohne nachzudenken über das Papier wandern lassen. Komponieren Sie sozusagen Ihre eigene Melodie mit Strichen, Linien und Phantasieformen!

# Kohle und Kreiden

Kohle (genauer: Holzkohle) ist eines der ältesten Zeichenmittel. Sie eignet sich zum Skizzieren und Zeichnen, hat allerdings den großen Nachteil, daß alles leicht verwischt und verschmiert. Der Strich der Kohle ist vielseitig; absichtliches Verwischen und Radieren kann reizvolle Effekte geben.

Rötel, eine Kreide mit Eisenoxid, ist heute weniger populär. Es gibt sie auch nur in einer Farbe, nämlich Rötlichbraun. Früher wurde damit häufig auf getöntem Papier gezeichnet, mit weißer Kreide setzte man zusätzlich Glanzlichter. Leonardo da Vinci war übrigens der erste Künstler, der Rötel benutzte.

Andere Kreiden gibt es in allen nur denkbaren Farben. Auch hier der Tip: Schaffen Sie sich für den Anfang nur einige Töne, aber verschiedene Sorten an, um die Technik erst einmal auszuprobieren.

Pastellkreiden, Ölpastellkreiden und Ölwachskreiden sind auf dem Markt – für den Laien nur schwer auseinanderzuhalten. Ein großer Unterschied besteht allerdings: Pastellkreiden sind empfindlicher, dafür aber leichter zu vermalen als Ölkreiden, da sie nur aus Erden und pulverisierten Pigmenten bestehen, die durch ein leichtes Bindemittel festgehalten werden. Ein Bild in Pastellkreiden muß nach Fertigstellung fixiert werden, da es sonst unweigerlich verschmiert.

Fixativ, für Kohle, Rötel und Pastell notwendig, gibt es als Spray zu kaufen oder in einer Flasche mit gesondertem Zerstäuber, durch den hindurch das Fixativ auf das Blatt geblasen werden muß. Probieren Sie aber das Fixieren vorher aus, bevor Sie eine gelungene Zeichnung einsprühen. Wenn Sie nämlich zu nah an die Zeichnung kommen, kann es passieren, daß sie im Fixativ zerläuft.

Bei Ölkreiden und Wachskreiden wurden die Pigmente mit Öl oder Wachs vermischt. Sie sind daher nicht so leicht aufzutragen – wobei Öl schmiegsamer ist als Wachs –, lassen sich aber gut miteinander verreiben und sind insgesamt weniger empfindlich als Pastellkreiden. Man kann mehrere Schichten auftragen, hineinkratzen, abschaben: Der Experimentierfreude sind keine Grenzen gesetzt.

**Probieren Sie verschiedene Linien aus, indem Sie die Kreiden drehen, flach in die Hand nehmen, schraffieren und ineinandermalen (links und oben). Auch Kohle läßt sich verwischen, oder man „zeichnet" (Foto unten) mit dem Knetgummi hinein.**

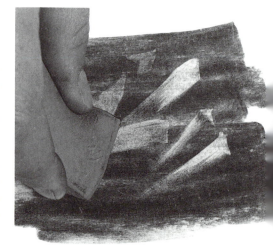

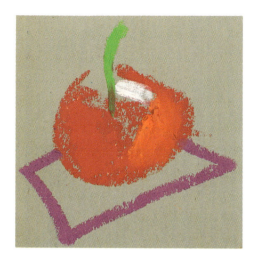

Der Untergrund verändert die Wirkung der Farben, er kann dämpfen oder aber die Leuchtkraft steigern, wie zum Beispiel Schwarz. Sie sehen hier vier Beispiele mit Ölkreiden. Der Apfel wurde jedesmal mit denselben Farben gezeichnet, wirkt aber auf jedem Untergrund anders. Machen Sie selbst ein paar Versuche!
Für Pastellkreiden gibt es ein besonderes Papier, auf dem die Linien nicht verwischt werden können: Velour-Papier, auch einfach als „Pastellmalblock" im Handel zu bekommen. Die samtartige Oberfläche hält den Pigmentstaub fest, und somit lassen sich die Linien nicht mehr verreiben.

Die Strichstärke der Kreiden läßt sich durch Drehen, aber auch durch Anspitzen verändern. Machen Sie ein paar Versuche auf Papierresten, damit Sie ein Gefühl für die Technik bekommen.

Material und Technik

# Feder, Pinsel und Tusche

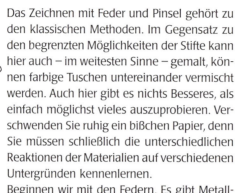

Das Zeichnen mit Feder und Pinsel gehört zu den klassischen Methoden. Im Gegensatz zu den begrenzten Möglichkeiten der Stifte kann hier auch – im weitesten Sinne – gemalt, können farbige Tuschen untereinander vermischt werden. Auch hier gibt es nichts Besseres, als einfach möglichst vieles auszuprobieren. Verschwenden Sie ruhig ein bißchen Papier, denn Sie müssen schließlich die unterschiedlichen Reaktionen der Materialien auf verschiedenen Untergründen kennenlernen.

Beginnen wir mit den Federn. Es gibt Metallfedern in verschiedenen Breiten und Größen, die in einen Federhalter gesteckt werden. Auch mit Federn, die fest mit dem Halter verbunden sind und mit Tuschepatronen versorgt werden, läßt sich gut arbeiten.

Sehr eigenwillige Ergebnisse erzielt man mit der Rohrfeder, die aus einem angespitzten Stück Schilfrohr oder Bambus besteht. Die klassische Tusche dazu ist schwarze Chinatusche, es gibt sie flüssig oder in fester Form mit Tuschestein zum Abreiben.

Ich verdünne die Tusche gerne während des Zeichnens, indem ich die Feder kurz in Wasser tauche.

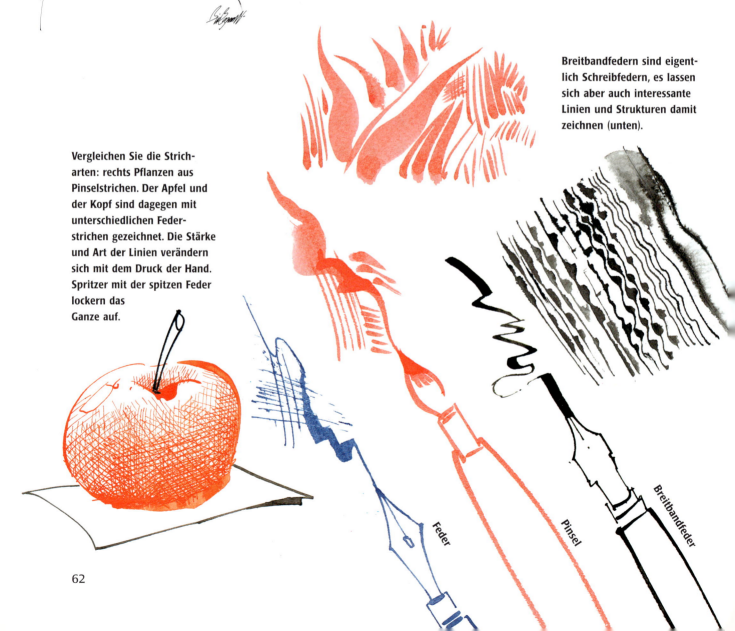

**Vergleichen Sie die Stricharten: rechts Pflanzen aus Pinselstrichen. Der Apfel und der Kopf sind dagegen mit unterschiedlichen Federstrichen gezeichnet. Die Stärke und Art der Linien verändern sich mit dem Druck der Hand. Spritzer mit der spitzen Feder lockern das Ganze auf.**

**Breitbandfedern sind eigentlich Schreibfedern, es lassen sich aber auch interessante Linien und Strukturen damit zeichnen (unten).**

Inzwischen sind auch farbige Tuschen auf dem Markt, mit denen man zeichnen und auch malen kann.

Womit wir beim nächsten Punkt wären: beim Zeichnen mit dem Pinsel. Es ist wichtig, daß er eine gute Spitze hat; also kaufen Sie lieber nur zwei oder drei, dafür aber hochwertige Pinsel (Marderhaar- oder Chinapinsel).

Wieder neu entdeckt wurde die Glasschreibfeder. Sie wurde im 18. Jahrhundert in Murano von Glasbläsern hergestellt, aber ab der Mitte des 19. Jahrhunderts vom Füller und Kugelschreiber verdrängt. Früher wurde die Glasfeder in Halter gesteckt, heute werden Feder und Halter an einem Stück gegossen. Die Tusche hält sich in der spiralenartigen Feder bis zu einer Schreiblänge von ungefähr zehn Metern und kann durch einfaches Eintauchen in Wasser gereinigt werden. Der Strich ist zart und gleichmäßig, verändert sich also nicht durch Druck. Die Spitze kann mit sehr feinem Schleifpapier verändert werden.

Noch bekommt man Glasfedern selten in Fachgeschäften, dafür aber auf manchen Kunstgewerbemärkten oder in Glasgalerien. Ein Versuch lohnt sich.

**Zum technischen Zeichnen ist der Tuschefüller (Isograph, Rapidograph) entwickelt worden. Er wird mit Tuschepatronen gefüllt und zieht vollkommen gleichmäßige Linien; er reagiert also nicht auf den Druck der Hand.**

*Übung*

*Spielen Sie mit dem Material. Spritzen Sie Tuschepunkte auf das Papier, und verbinden Sie sie mit verschiedenen Stricharten. Es entstehen eigenwillige und interessante Formen.*

**Den Kugelschreiber kennt jeder. Auch mit ihm läßt sich zeichnen, sogar in verschiedenen Farben.**

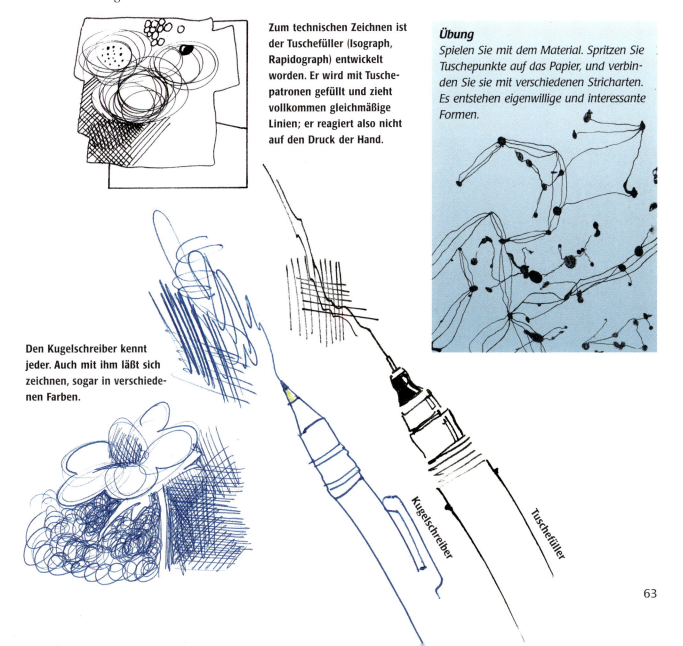

Kugelschreiber

Tuschefüller

# Marker und Filzstifte

**Auf glattem Papier läßt sich der wasserlösliche Filzstift vermalen.**

Marker, Filz- und Faserstifte gibt es noch nicht allzu lange, sie wurden erst in den sechziger Jahren in Japan und Amerika entwickelt. Verwendet werden sie in erster Linie in der Werbung, wo es auf schnelle Farbskizzen und Entwürfe ankommt, die nicht dazu bestimmt sind, lange Zeit zu halten; die Stifte sind nämlich nicht lichtecht. Hängt man ein mit Markern gezeichnetes Bild in helles Licht, verliert es bereits nach ein paar Tagen seine intensive Farbigkeit. Trotzdem erlauben diese Stifte interessante Techniken.

Es gibt wasserlösliche und wasserfeste Stifte in allen Breiten und Stärken, ja sogar in Pinselform, und die Auswahl an Farben ist nahezu unendlich. Die wasserlöslichen Stifte kann man mit Wasser vermalen, was die künstlerischen Möglichkeiten erweitert. Wichtig ist bei allen Arbeiten mit Filzstiften das Papier. Auf faserigem Papier zerläuft die Farbe, auf hartem, glattem Papier „steht" die Linie, braucht aber etwas Zeit zum Trocknen.

Auf hartem Papier lassen sich Marker miteinander vermalen. Zwei Beispiele sehen Sie unten. Danach habe ich Fixativ hineingetropft (Mitte) und hineingesprüht (rechts). Es verdrängt die Farbe, so daß tropfenartige Strukturen entstehen.

**Die Linien verändern sich mit der Drehung der Hand (links), auch die Geschwindigkeit spielt eine Rolle: Schnelle Striche verlaufen glatter als langsame. Werfen Sie leicht angetrocknete Stifte nicht weg, Sie sehen an der Graustruktur unten und an dem Baum, daß auch die „trockene" Linie ihren Reiz hat.**

**Der Baum wurde auf einfaches Schreibmaschinenpapier gezeichnet.**

Sie sehen auf dieser Seite einige der vielseitigen Anwendungsmöglichkeiten von Markern und Filzstiften. Auf holzfreiem, glattem Papier stehen die Linien ganz klar und, weil die Farbe nicht gleich in das Papier eindringt, lassen sie sich auch miteinander vermalen.

Material und Technik

# Wie eine Zeichnung entsteht

Vielleicht werden Sie es nicht glauben, aber mit einer Zeichnung anzufangen ist oft der schwierigste Moment. Der Anblick des unberührten weißen Blattes flößt Angst ein – wie starte ich? Welchen Stift, welches Material verwende ich? Wie soll die Komposition aussehen?

Die nächsten Seiten sollen Ihnen das Anfangen erleichtern und Ihnen die nötigen Vorbereitungen zeigen.

Und – vergessen Sie eines nie: Es ist, wenn etwas schiefgeht, nie mehr verloren als nur ein Stück Papier.

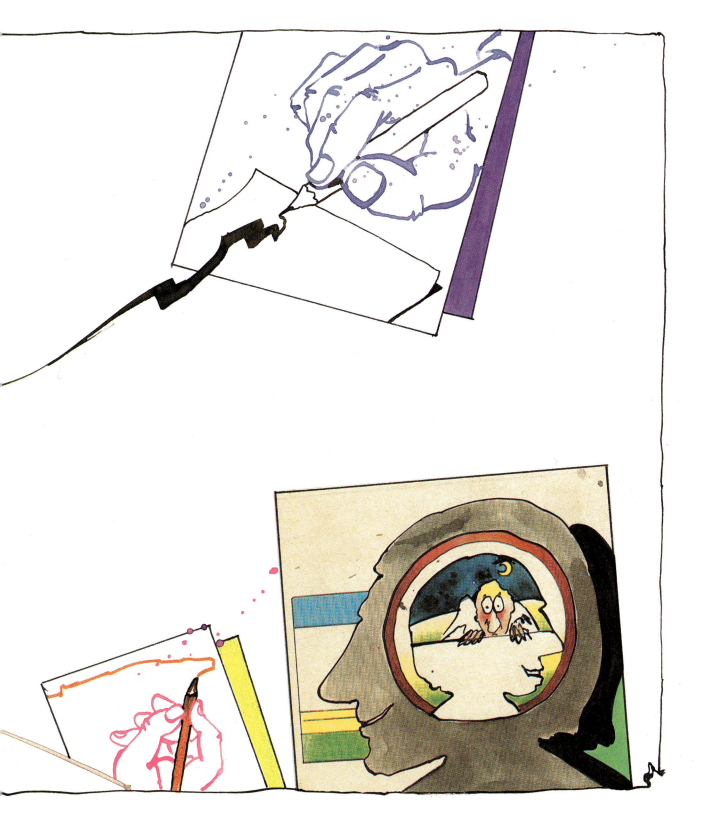

# Die Planung

Wenn man keinen triftigen Grund hat, etwas Bestimmtes zu zeichnen, wird die erste Frage immer sein: „Was zeichne ich überhaupt?" Zeichnen kann man alles. Aus dem unscheinbarsten Gegenstand läßt sich ein interessantes Bild machen, man muß ihn nur richtig sehen, ihn richtig zur Geltung kommen lassen.
Blicken Sie sich zu Hause um: Haben Sie sich schon einmal einen Bleistiftspitzer oder ein Telefon richtig angeschaut? Versuchen Sie es: Sehen Sie sich diese Gegenstände von oben, von der Seite und von unten an, drehen Sie sie, gehen Sie um sie herum – Sie werden erstaunt sein, wie viele Möglichkeiten der Betrachtungsweise Sie finden werden.

„Den Ausschnitt wählen, nach einem bestimmten Prinzip aufbauen, interpretieren, die Linien vereinfachen, die Maße berechnen, die wesentlichen Striche vergleichen harmonisieren... Das alles gehört zu einer Zeichnung. Sie ist die Kunst in ihrer Vollkommenheit."

Jean-Auguste Dominique Ingres
1780-1867

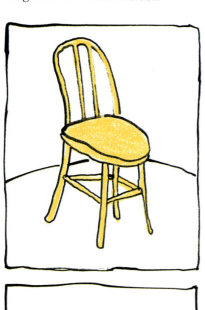

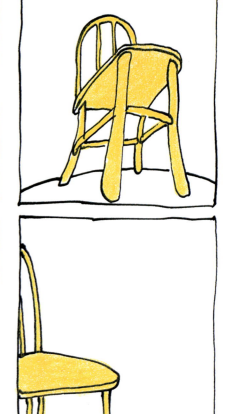

# Motivsuche und Blickwinkel

Die erste Vorbereitung ist also das Suchen eines Motives und das Finden des rechten Blickpunkts. Dazu gehört auch die Wahl des Bildausschnitts.

Sehen Sie sich den einfachen Stuhl links an; es ist wirklich nichts Besonderes an ihm. Doch setzt man ihn in einen Rahmen, in dem negative und positive Flächen auf ihn einwirken (siehe Seite 44–47), wird er plötzlich zu einem anregenden Objekt. Verschiedene Blickwinkel verändern auch den Standort und die Wichtigkeit; auch das Anschneiden beeinflußt die Aussage.

Bei dem Blickpunkt von oben fühlt man sich überlegen – man steht ja darüber –, schaut man dagegen von unten, wirkt der Stuhl eher bedrohlich. Bei den angeschnittenen Beispielen bekommen die negativen Flächen ein sehr starkes Gewicht.

Das gleiche gilt natürlich ebenfalls für Motive, die man vor dem Zeichnen nicht in die Hand nehmen, drehen und wenden kann. Auch eine Landschaft muß man sich von verschiedenen Standpunkten aus betrachten, danach erst wird man einen Ausschnitt festlegen.

Bleiben wir bei einem einfachen Beispiel: Haus und Baum. Im ersten Bild steht da eben ein Haus neben einem Baum. Auf den anderen aber entsteht Bewegung und Dramatik. Die negative Fläche (der Himmel) kann das Motiv beiseite schieben oder hervorheben; sie kann sich verdrängen lassen oder gleichzeitig im Raum stehen. Machen Sie, wie hier, ein paar skizzenhafte Versuche mit einfachen Objekten – zum Beispiel mit einem Bleistiftspitzer oder einem Telefon.

Wie eine Zeichnung entsteht

# Ausdruck und Spannung

Veränderungen in der Komposition verändern die Aussage eines Bildes. Groß dargestellte Dinge können nah, aber auch bedrohlich wirken; kleine erscheinen dagegen unwichtig, doch genausogut bedrängt oder eingeengt. Diese Gefühle übertragen sich auf den Betrachter, der oft gar nicht weiß, warum er ein Bild mag und ein anderes nicht.

Allein an der Komposition kann es liegen, daß ein Bild unruhig, ja aggressiv wirkt oder Ruhe ausstrahlt. Ganz allgemein wirken symmetrische, zentrierte Anordnungen ruhig, asymmetrische dagegen erzeugen Spannung und Bewegung. Es ist also wichtig, daß Sie sich schon vor Beginn des Zeichnens darüber klar werden, was Sie aussagen möchten. Das gilt nicht nur für große, inhaltsreiche Werke, sondern auch für die Darstellung einfacher Gegenstände.

Ich nehme etwas ganz Alltägliches, eine Brille und einen Farbstift. Eine große Deutung ist nicht notwendig, da ja nur diese Gegenstände ohne weitere Zusätze dargestellt werden. Die Brille ist also eindeutig das wichtigste Bildelement. Trotzdem ist sie links auf der oberen Skizze ziemlich nichtssagend. Unten dagegen, wo sie angeschnitten und vergrößert ist, entsteht Spannung: Die Brille wird interessant.

**Ruhe**

**Spannung**

**Zwei einfache Gegenstände des Alltags werden hier auf verschiedene Weise „in Szene gesetzt". Entscheiden Sie selbst, welche Darstellungen interessant wirken.**

Bei dem Farbstift daneben ist es ähnlich. Achten Sie auf die Farbflächen (es sind die negativen Flächen, die um das Objekt herum entstehen), und vergleichen Sie sie miteinander. Der Hintergrund des oberen Bildes teilt sich – Gelb und Rosarot – in zwei etwa gleich große Flächen: eine ruhige, wenn auch nicht besonders interessante Komposition. Verschieben wir aber die Flächen – die gelbe überwiegt nun –, wird die gesamte Komposition ungewöhnlicher. Setzen wir das Ganze nun räumlich um. Die Brille liegt auf dem Tisch. Das klingt nicht besonders aufregend. Aufregend wird dieser

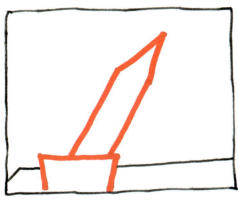

Tatbestand erst durch den ungewöhnlichen Blickwinkel. Wichtig ist auch der farbliche Kontrast zwischen Tisch und Brille. Die Schwere des Tisches unterstreicht die Zerbrechlichkeit der Gläser.

Das gleiche gilt für die Komposition mit dem Farbstift. Die Diagonale erzeugt Dynamik, die Tischkante verursacht eine Gegenbewegung. Man könnte sogar in dem Stift etwas Bedrohliches sehen, denn, was noch hinzukommt: Spitze, zackige Formen wirken leicht aggressiv, runde dagegen weich und sanft.

Wie eine Zeichnung entsteht

## Arbeitsplatz

Das Motiv steht nun fest, doch wie geht es weiter? Da wäre noch der Arbeitsplatz. Zu Hause kann man sich an einen Tisch setzen und alle Zeichenutensilien um sich herum ausbreiten. Man sollte darauf achten, daß das Licht von vorne oder – bei Rechtshändern – von links kommt, damit die arbeitende Hand keinen störenden Schatten wirft.

Für die Arbeit im Freien sollte man auf jeden Fall eine feste Unterlage und eine Sitzgelegenheit mitnehmen.

## Wahl der Technik

Als nächstes kommt die Frage nach der geeigneten Technik. Die Antwort ist einfach, aber nicht sehr hilfreich: Benutzen Sie das, was Ihnen am meisten Spaß macht. Sicher eignen sich manche Techniken besser als andere für die Darstellung bestimmter Materialien – feste Regeln aber gibt es nicht.

Schauen wir uns trotzdem ein paar Beispiele an. Mit harten, klaren Linien lassen sich klare Formen darstellen, also hartes und glattes Material, woraus der Kanister links besteht. Er ist mit einer Feder gezeichnet und mit Farbstiften leicht koloriert.

Weiche Konturen, Impressionen und verspielte Motive werden mit weicher und verspielter Technik betont. Die Blume links oben ist mit Pastellkreiden gezeichnet, die mit dem Finger verwischt wurden.

Mit einer Mischung aus weichem Verwischen und harten Bleistiftlinien entstand das Huhn. Natürlich gibt es viele Möglichkeiten, die Federn darzustellen: Es kommt darauf an, was man zeigen möchte. Ich wollte die runde Form betonen und die Grashalme als Kontrast dagegen setzen.

# Bestimmen des Ausschnitts

Es ist oft nicht einfach, sich für bestimmte Objekte zu entscheiden. Zuviel aber ist meistens verwirrend, und die Klarheit der Komposition leidet darunter. Oft merkt man das erst beim Skizzieren selbst.

Wenn Sie nicht wissen, was Sie weglassen sollen, können Sie auch zunächst alles aufskizzieren und sich dann aus Ihrer Skizze Ausschnitte suchen, die Sie ausarbeiten. Außerdem schult das Festlegen von Ausschnitten Ihr Gefühl für Komposition.

Schneiden Sie sich dazu ein bewegliches Passepartout aus zwei rechtwinkligen Papp- oder Papierstreifen, das Sie dann in diversen Ausschnitten nach Belieben auf dem Bild verschieben können.

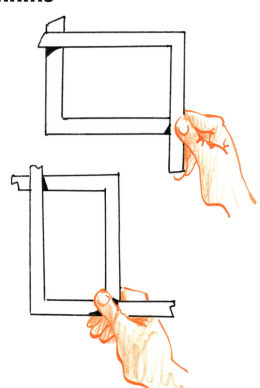

### Übung
*Versuchen Sie die Oberflächenstrukturen einfacher Gegenstände in verschiedenen Techniken darzustellen. Zeichnen Sie einen Tennisball, als Kontrast dazu einen Tischtennis- oder einen Golfball. Die Form ist beide Male die gleiche, der Unterschied liegt im Material.*
*Zeichnen Sie nun einen Löffel und eine Serviette. Suchen Sie sich interessante Blickwinkel, und probieren Sie, den Unterschied des Materials herauszuarbeiten.*

Ein „Wimmelbild" – suchen Sie aus ihm drei verschiedene Ausschnitte, die eine interessante Zeichnung ergeben könnten.

Wie eine Zeichnung entsteht

# Wirkung von Farben

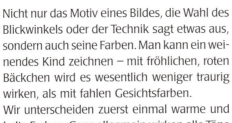

Nicht nur das Motiv eines Bildes, die Wahl des Blickwinkels oder der Technik sagt etwas aus, sondern auch seine Farben. Man kann ein weinendes Kind zeichnen – mit fröhlichen, roten Bäckchen wird es wesentlich weniger traurig wirken, als mit fahlen Gesichtsfarben.

Wir unterscheiden zuerst einmal warme und kalte Farben. Ganz allgemein wirken alle Töne mit hohem Blauanteil kalt, die mit hohem Rotanteil warm. Das hängt mit unseren Erfahrungen zusammen: Kalte Elemente wie Schnee und Eis schimmern bläulich, sonnenbeschienene Dinge dagegen erscheinen in warmem gelbrötlichem Licht.

Natürlich gibt es auch neutrale Töne, die sich nicht so eindeutig zuordnen lassen, wie zum Beispiel Rotviolett oder Gelbgrün.

Hier ist dreimal dasselbe Motiv zu sehen, der Apfel. Die obere Komposition wirkt fröhlich, was an den überwiegend roten und gelben, also an den warmen Tönen liegt.

Darunter scheint alles viel düsterer und kälter zu sein, das bewirken die Blauanteile in den Farben. Nahezu neutral dagegen ist das Bild unten, da sich Rot- und Blauanteile in etwa die Waage halten.

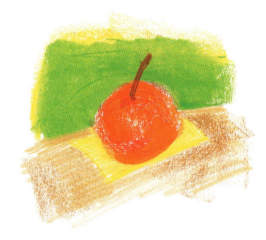

**Auch wenn Gelb und Rot warme Töne sind, gibt es doch von beiden kalte Varianten – dann nämlich, wenn Blau darin enthalten ist. (Natürlich gibt es auch warme Blautöne.) Sie sehen oben links ein warmes Rot, das Gelb enthält. Das Gelb unten wirkt kalt, es verläuft ins Grün.**

Farben können heiter und düster, beruhigend oder lieblich wirken; die Farbpsychologie beschäftigt sich mit der Wirkung von Farben auf Menschen, und Farbtheorien füllen ganze Bücher. Für uns ist im Moment nur wichtig, was wir brauchen, um uns im Bild ausdrücken zu können.

Hier haben wir zwei Beispiele, die beide südliche Motive zeigen und von daher eher fröhlich sind. Doch die Stimmung hängt vollkommen von Farben ab.

Heiter ist die Atmosphäre oben, dank der gelben Mauer und des strahlenden Himmels. Der Palme unten dagegen steht ein Gewitter bevor, die Stimmung des Bildes läßt sich eher als düster beschreiben.

### Übung

*Hören Sie sich Musik an, und malen Sie dabei; kombinieren Sie Farben, die Ihrem Gefühl nach zu der Musik passen. Sie werden schnell feststellen, daß Ihnen bei schwerer Musik viel weniger nach hellen Farben zumute sein wird als bei leichter. Vielleicht haben Sie Vivaldis „Vier Jahreszeiten" zu Hause – hören Sie der Musik zu, und setzen Sie dabei die Jahreszeiten in Farben um. Natürlich geht das auch ohne Musik, doch die musikalischen Töne geben Ihnen Anregungen für die gemalten Töne.*

**Farben drücken Stimmungen aus, hier demonstriert an einem Apfel und an einer Landschaft.**

Wie eine Zeichnung entsteht

# Kontraste

Eine Zeichnung, in der sich die Tonwerte und Größenverhältnisse in etwa die Waage halten, ist meistens ziemlich langweilig. Kontraste aber sorgen für Lebendigkeit. Wie im täglichen Leben ist der Kontrast auch in der Kunst etwas, das auffällt, über das man vielleicht stolpert oder verwundert ist. Der Gegensatz regt an. Ich habe drei Beispiele herausgesucht, deren Wirkung überwiegend auf Kontrast basiert.

**Die Federzeichnung der Frau mit Hut ist eigentlich heiter: Das weiße Kleid mit den roten Punkten wirkt fröhlich. Im Kontrast dazu steht das Gesicht im Schatten des Hutes. Der mit Zeichenfeder und Aquarellfarben ziemlich genau ausgearbeitete Tennisschuh dominiert über die weiße, völlig unausgearbeitete Wand.**

**Der Kontrast der Strukturen ist auffällig bei der großen Abbildung. Das glatte Material der Maske habe ich mit feinen Federstrichen ausgearbeitet. Die leicht verwischten Kreidestrukturen lassen Hut und Gewand daneben weich erscheinen. Gegenpol ist wiederum die ausgearbeitete Hand links unten. Die sparsam eingesetzten Farben unterstreichen die Wirkung der schwarzen Maske.**

# Von der Skizze zur Zeichnung

Um eine wirklich ausgearbeitete Zeichnung anfertigen zu können, wird man zweifellos vorher Skizzen dazu machen müssen. Diese Skizzen sind natürlich auch schon Zeichnungen; doch wir wollen uns jetzt nicht mit Wortdefinitionen aufhalten, sondern einfach die Vorarbeiten als Skizzen bezeichnen und das Endziel als Zeichnung.

Um all das auf den letzten Seiten Besprochene wirkungsvoll anwenden zu können, sind Vorüberlegungen notwendig.
Ich probiere immer verschiedene Anordnungen aus und versetze die Schwerpunkte. Auch Farben deute ich an, wo sie mir besonders wichtig erscheinen.

## Ein Beispiel

Die Illustration rechts wurde für eine Zeitschrift angefertigt. Thema: Ein kleiner Schluck Alkohol tut Senioren in Altenheimen ausgesprochen gut. Dieser Schluck Alkohol sollte also auch im Bild wichtig sein, aber doch nicht zu sehr dominieren. Zuerst habe ich die Flasche angeschnitten; danach versuchte ich, sie als Collage einzufügen, was mir aber dann doch nicht gefiel.
Nach mehreren Skizzen habe ich mich dazu entschlossen, lieber alles zu zeichnen.

# Skizzenblock

Bei vielen Skizzen lohnt es sich, sie aufzuheben, sei es zur Erinnerung oder zur Anregung für weitere Arbeiten. Wer nicht gerne fliegende Blätter sammelt, wird dazu einen Skizzenblock verwenden, den man auch mühelos überall mit hinnehmen kann. Zusätzlich benötigt man nur einen Bleistift oder einen Filzstift, und schon kann man überall zeichnen. Der Block hat einen harten Rücken, der sich gut als Unterlage benutzen läßt; man kann ihn also auf die Knie legen, wenn kein Tisch vorhanden ist.

Skizzenblöcke gibt es in vielen Größen und unterschiedlichen Papierarten. Womit Sie am besten zurechtkommen, können Sie nur durch Ausprobieren herausfinden.

Mit Bleistift läßt sich auf allen nicht zu glatten Papieren gut arbeiten; bei Filzstift oder Feder sollte das Papier nicht faserig sein, da sonst die Striche verlaufen.

Sie können auch einzelne Papiere benutzen; das hat den Vorteil, daß sich verschiedene Papiersorten zusammenstellen lassen. Es empfiehlt sich da, ein Hartfaserbrett als Unterlage zu besorgen, auf dem man mit einer Klemme die Papiere befestigt. Sie bekommen es in jedem Künstlerbedarfsgeschäft. Ersatzweise tut es auch feste Pappe.

Wer seine Skizzen gerne als Buch gebunden hat, kann mit Skizzenbüchern arbeiten. Das sind unbedruckte, gebundene Bücher, in die man hineinzeichnen kann. Auch da gibt es verschiedene Papierqualitäten; im allgemeinen aber sind die Bücher teurer als Blöcke.

Zur Anregung: Manchmal möchten Sie vielleicht etwas aufskizzieren und haben nichts anderes zur Verfügung als eine Papierserviette oder das Innere eines Schokoladenpapieres. Benutzen Sie es! Und dann kleben Sie es zu Hause in ein Skizzenbuch, das kann auch ein Schulheft sein. Sie werden erstaunt sein, wie reizvoll es später ist, sich diese Zusammenstellung spontaner Skizzen anzuschauen.

**Die Technik:** Bleistift verwendete ich für die Grundzeichnung. Mit Markern und Farbstiften habe ich die Farben angelegt und die Formen herausgearbeitet. Der Hintergrund wurde gespritzt.

**Ein Tip:** Eine preiswertere und individuellere Methode, zu einem Skizzenbuch zu kommen: Lassen Sie sich verschiedene Papiere (es kann auch farbiges Papier dabei sein) und einen Karton (als Rückseite) mit einer Spirale zusammenheften. Das machen Ihnen fast alle kleinen Druckereien, manchmal auch Papierwarenläden.

# Komposition mit vier Objekten

## Zusammenstellung

Die Komposition beginnt bereits mit dem Zusammenstellen der Objekte. Bei manchen Aufteilungen fühlen wir uns unwohl, zum Beispiel wenn alles zu sehr über das Blatt verstreut ist (1). Aber auch zu eng aufeinander konzentriert, wirkt das Ganze nicht harmonisch (2): Die große leere Fläche ist langweilig, die verschiedenen Gegenstände verschmelzen zu einer einzigen, uninteressanten Form.
Lassen Sie sich immer viel Zeit beim Arrangieren von Gegenständen, probieren Sie möglichst viele Variationsmöglichkeiten aus. Im Vergleich zu Bild 1 und 2 ist der Anblick von Nummer 3 eine ausgesprochene Erleichterung. Die Überschneidungen sind harmonisch, positive und negative Flächen wirken ausgewogen.
In Bild 4 das Gleiche in anderer Zusammenstellung: Die angeschnittene Flasche bezieht den Bildrand und damit die negativen Flächen in die Komposition ein. Die Überschneidungen von Glas, Zitrone und Apfel unterstützen die Gesamtkomposition.

Hoffentlich schwirrt Ihnen nun nicht der Kopf von all den Regeln, Hinweisen und Techniken der letzten Seiten – zu viele Möglichkeiten machen die Entscheidung, was man wie anpacken soll, besonders schwer. Zweifellos gehört viel Geduld dazu, wenn man auf bestimmte Ergebnisse hinarbeiten will. Ohne Üben und Ausprobieren kommt man da nicht sehr weit. Beschränken wir uns also jetzt einmal auf vier Objekte, deren Größe zunächst nicht verändert wird: ein Apfel, eine Flasche, ein Glas und eine Zitrone.

### Übung
*Zeichnen Sie diese vier Gegenstände in beliebiger Größe ab, und schneiden Sie sie aus. Legen Sie sie dann zu verschiedenen Kompositionen zusammen: zu harmonischen, aber auch zu disharmonischen. Versuchen Sie dabei zu analysieren, warum die eine Komposition Ihnen zusagt und eine andere nicht.*

Wie eine Zeichnung entsteht

# Mut zur Variation

Solange wir die Größe der Objekte nicht verändern (wie auf der Seite zuvor demonstriert wurde), sind unsere Variationsmöglichkeiten beschränkt. Aus dem einfachen Stilleben wollen wir nun jedoch eine ungewöhnliche, aufregende Komposition machen. Dazu gehört ein bißchen Mut; doch denken Sie immer daran, daß es ja nur ein Stück Papier ist, das Sie vielleicht verderben.

Übertreiben und verändern wir also. Zuerst setze ich die vier Objekte auf einen Tisch, damit das Bild mehr Tiefe bekommt. Nun hebe ich das Glas hervor und lasse die anderen Objekte zur Unterstreichung klein im Hintergrund stehen. An dem Glas, das mein Blickfang ist, arbeite ich Lichtreflexe heraus.

Eine andere Möglichkeit: der Blick von unten. Die Tischkante verändert die Perspektive, die negative Fläche hinter den Objekten wird farblich einbezogen, erhält Gewicht. Dynamik entsteht durch die Diagonale, die die schräg gestellte Flasche bewirkt.

Bei der großen Zeichnung spielt die Technik eine starke Rolle, die vier Objekte fallen durch die Farbgebung auf. Statt auf einen Tisch habe ich die Gegenstände auf einen Stuhl gesetzt, der nun ein ganz neues Bildelement darstellt. Technik: Angelegt wurde das Ganze zunächst mit brauner Tusche und Feder. Apfel, Flasche und Zitrone habe ich mit Farbkreiden gemalt, den Hintergrund mit Filzstiften betont. Bei dem liegenden Glas wurden Kreiden und Filzstift gemischt angewandt.

Sie sehen, daß die negativen Flächen in diesem Fall schwarz, braun und grau angelegt wurden und eine wichtige Rolle in der Gesamtkomposition spielen.

Wie eine Zeichnung entsteht

# Experimentieren Sie

Es macht Spaß, ausgefallene oder surrealistische Kompositionen auszuprobieren. Ich habe Ihnen hier Gegenstände aufgezeichnet, die nicht unbedingt zueinander passen. Suchen Sie sich verschiedene davon aus, und stellen Sie sie zu ungewöhnlichen Bildern zusammen. Verändern sie die Größen und die Perspektiven, übertreiben Sie nach Herzenslust!

Blättern Sie noch einmal die letzten Seiten durch, und lassen Sie sich von dem Besprochenen anregen – nicht einengen. Unverändert gilt: Es ist wichtig, die Theorie zu kennen, dann aber darf man sie wieder vergessen. Versuchen Sie alles, und brechen Sie getrost die allgemein gültigen Regeln. Nur so werden Sie herausfinden, wie weit Sie wirklich gehen können, was noch interessant ist und wann die zuvor gelernten Regeln wieder in Kraft gesetzt werden müssen.

Zwei Beispiele zur Anregung: Das Stilleben mit Hut (rechts) lebt von der ungewöhnlichen Komposition, bei der die Gegenstände nicht, wie gewohnt, beieinander liegen, sondern sich verteilen. Mittelpunkt des Bildes ist die leere Fläche.

Fast surreal ist der Blick durch den Schuh, bei dem der entfernte Hintergrund mit Farbstiften ausgearbeitet ist, während der Blickfang im Vordergrund, also der Schuh selbst, linear bleibt. Probieren Sie nicht nur verrückte Kompositionen aus, sondern auch verschiedene Techniken. Finden Sie heraus, was sich gut kombinieren läßt und vor allem, was Ihnen am meisten zusagt.

**Links eine Auswahl an Gegenständen für eigene Versuche zur Komposition, rechts zwei Beispiele zur Anregung.**

Wie eine Zeichnung entsteht

# Themen und Motive

Das Schöne am kreativen Arbeiten ist, daß alles erlaubt ist, was einem gefällt. Wie schon erwähnt, sollte man zwar die Grundregeln kennen, darf sie dann aber nach Bedarf wieder vergessen. Wir werden nun verschiedene Themen aussuchen und Ihnen zeigen, wie man sie anpacken kann. Kann – nicht muß! Lassen Sie sich einfach anregen zum Ausprobieren, zum Üben und Experimentieren.

# Stilleben

Nach den vielen Vorbereitungen fangen wir nun endlich an. Bleiben wir gleich beim Stilleben, und befassen wir uns eingehender mit dieser Bildgattung. Was verstehen wir denn eigentlich darunter?

Laut Brockhaus handelt es sich bei einem Stilleben um „die Darstellung lebloser oder unbewegter Dinge, die vom Maler künstlerisch wirksam geordnet sind". Doch auch nicht absichtlich Angeordnetes, wie zum Beispiel ein altes Fahrrad an einer Wand, kann zu einem interessanten Stilleben werden.

In frühen Malereien spielte das Stilleben keine Rolle, es war höchstens Beiwerk in religiösen Bildern. Erst im 16. Jahrhundert entwickelte es sich allmählich zu einer selbständigen Gattung der Malerei, die bis heute von nahezu allen Malern (und natürlich auch von Zeichnern) aufgenommen und in jeder nur denkbaren Art dargestellt wurde.

*Die ersten Spritzer auf dem weißen Blatt - damit mache ich mir Mut zum Anfangen.*

**Aus den Klecksen wurden Kirschen; Farben und Formen haben mich dazu angeregt. Ich habe die Früchte hineingezeichnet, habe aber auch Flaschenverschlüsse mit Farbe bemalt und abgedruckt. Die Stiele zeichnete ich mit Tusche und Feder dazu und verband ein paar Kirschen miteinander. Die mehr durch Zufall entstandene Technik hat mir so gut gefallen, daß ich sie zu einem kleinen Bild (rechts oben) verarbeitet habe.**

# Anfangen

Der schwierigste Moment – bei jeder Form der Kunst – ist zweifellos der Start. Das leere weiße Blatt wirkt fast feindlich, man hat Angst davor, etwas Falsches zu machen, auch wenn man sich klar darüber ist, daß das nichts weiter ausmachen würde.

Ich habe da einen einfachen Trick: Mit verdünnter Farbtusche spritze ich ein paar Kleckse auf das Papier – schon ist es nicht mehr so unantastbar weiß. Außerdem regen diese Kleckse meine Phantasie an und zwingen mich, sofort weiterzumachen.

**In dem kleinen Bild sind die Kreisformen der Kirschen gedruckt, die Schale ist frei gezeichnet. Wichtig sind die Schatten, die die Kirschen fest aufliegen lassen. Schale und Untergrund sind mit Farbstiften gezeichnet – die Farbspritzer habe ich in diesem Fall erst am Schluß daraufgesetzt, sie machen das Ganze lebendiger.**

Themen und Motive

# Spiel mit Varianten

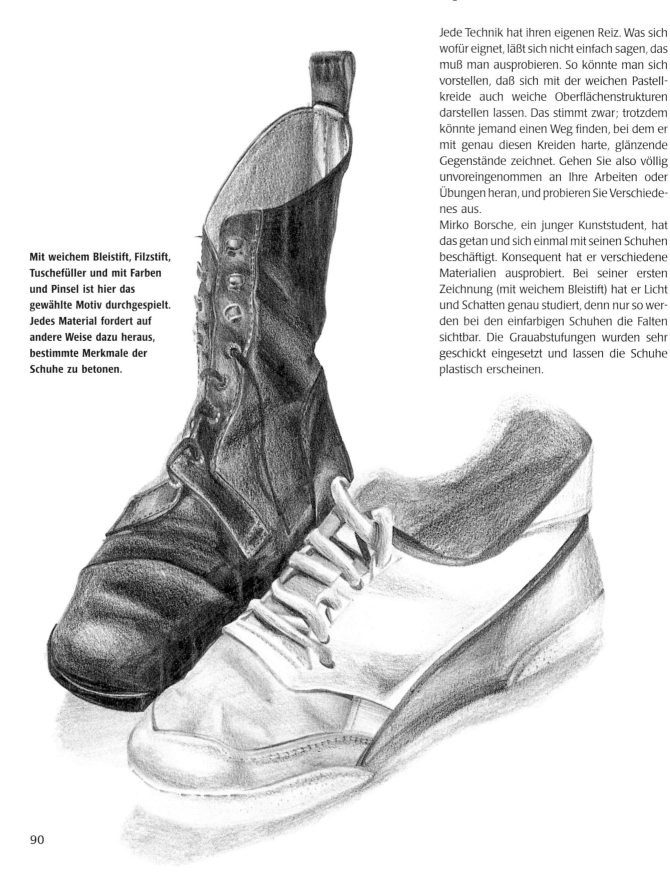

**Mit weichem Bleistift, Filzstift, Tuschefüller und mit Farben und Pinsel ist hier das gewählte Motiv durchgespielt. Jedes Material fordert auf andere Weise dazu heraus, bestimmte Merkmale der Schuhe zu betonen.**

Jede Technik hat ihren eigenen Reiz. Was sich wofür eignet, läßt sich nicht einfach sagen, das muß man ausprobieren. So könnte man sich vorstellen, daß sich mit der weichen Pastellkreide auch weiche Oberflächenstrukturen darstellen lassen. Das stimmt zwar; trotzdem könnte jemand einen Weg finden, bei dem er mit genau diesen Kreiden harte, glänzende Gegenstände zeichnet. Gehen Sie also völlig unvoreingenommen an Ihre Arbeiten oder Übungen heran, und probieren Sie Verschiedenes aus.

Mirko Borsche, ein junger Kunststudent, hat das getan und sich einmal mit seinen Schuhen beschäftigt. Konsequent hat er verschiedene Materialien ausprobiert. Bei seiner ersten Zeichnung (mit weichem Bleistift) hat er Licht und Schatten genau studiert, denn nur so werden bei den einfarbigen Schuhen die Falten sichtbar. Die Grauabstufungen wurden sehr geschickt eingesetzt und lassen die Schuhe plastisch erscheinen.

Durch das genaue Abzeichnen wird man sich über Form, Plastizität, Licht und Schatten klar; das Umsetzen in andere Techniken wird dann einfacher. Rechts eine sehr grafische Darstellung mit Filzstift. Sie basiert auf Kontrasten: Die flächige Darstellung des Stiefels steht klar neben der linearen des anderen Schuhs. Eine feine lineare Auflösung mit dem Tuschefüller (Rapidographen) sehen wir unten; die gesteppten Nähte formen hier den Schuh und geben der Zeichnung einen besonderen Reiz. Eine sehr geschickte Unterstützung des Ganzen sind die sparsam eingesetzten Schatten. Eine witzige Variante ist die farbige Darstellung mit Pinsel und Aquarellfarben. Die Linien sind weiß ausgespart; die wenigen dunkleren Farbstellen machen das Bild lebendig. Der schwarze Schatten als Kontrast läßt die Farben stärker leuchten.

## Genaues Beobachten

Naturgetreues Zeichnen ist weniger schwer, als es aussieht. Das Wichtigste dabei ist immer die genaue Beobachtung von Formen, Farben und Schatten. Nehmen wir den Hummer als Beispiel.

Zuerst habe ich ihn mit Bleistift in einfachen Formen aufskizziert, wobei ich mir über die Schatten und die Perspektive klar werden mußte. Natürlich machte ich mehr als nur eine Skizze davon.

Der nächste Schritt ist die Farbe. Ich legte das Rot an, in diesem Fall mit Marker. Sie könnten aber genausogut Aquarellfarben benutzen. Der Verlauf in dem Rot läßt sich ganz leicht mit weißem Marker erreichen, den man mit dem roten vermalt. Allerdings muß man auf hartem Papier arbeiten, auf dem die Farbe stehenbleibt und nicht einsinkt.

Die Schatten, die die eigentliche Form bestimmen, wurden nun mit dunkelroten und violetten weichen Farbstiften schraffurartig über die Farbe gelegt. Die Highlights, also die Lichtreflexe, kratzte ich zuletzt mit einem scharfen Papiermesser (Cutter) heraus. Natürlich könnte man dafür auch Deckweiß benutzen, doch das Gekratzte entspricht der rauhen Struktur des Hummers mehr. Eine andere Möglichkeit ist es, das Weiß auszusparen. Dazu aber muß es vom ersten Moment an genau geplant werden.

Diese Illustration, hier ein Ausschnitt, war für einen Artikel über französische EG-Produkte gedacht. Es ist also ein riesiges Stilleben, in dem Autos, Schleckereien und andere Exportartikel Frankreichs zu sehen sein mußten. Ich habe mich für eine Mischtechnik entschieden, bei der ich das meiste mit Markern und Aquarellfarben grundiert und dann mit Farbstiften ausgearbeitet habe.

Themen und Motive

# Stilleben mit Kreiden

Möchte man erste Ideen farblich festhalten, sind Kreiden ein geeignetes, sehr vielseitiges Arbeitsmittel. Ich mache zum Beispiel Vorskizzen zu Ölbildern gern mit Wachskreiden, Skizzen zu Aquarellbildern mit Pastellkreiden. Doch auch für selbständige Zeichnungen bieten die Kreiden viele Möglichkeiten.

Ich persönlich arbeite sehr gerne mit einer Mischung aus Pastellkreiden und Blei- oder Farbstiften. Die Wirkung sehen Sie rechts. Der Bleistift betont die harten Partien des Bildes, den Steintisch also und alle Außenkanten, während Gras und Pflanzen weich mit Pastell gezeigt werden.

Wachskreiden wirken vollkommen anders als Pastellkreiden (Abbildung links) und verlangen auch eine andere Art des Arbeitens. Sie lassen sich weniger leicht verreiben als Pastellkreiden, dafür aber dicker auftragen.

Bei dem kleinen Probeversuch unten auf der Seite habe ich verschiedene Farben miteinander vermischt und zum Teil mit weißer Kreide vermalt. Machen Sie vor dem Beginn einer größeren Arbeit also unbedingt ein paar solcher Versuche!

Dieses dickere Auftragen habe ich für das Stillleben links ausgenutzt. Der intensive Hintergrund läßt die Farben vorne stärker leuchten. Das eigentliche Motiv, die Früchte, rücken damit weniger in den Vordergrund als die in dem Pastellbild.

**Sehen Sie sich zur Anwendung von Kreiden noch einmal die Seiten 60/61 an. Pastellkreiden gibt es eckig oder rund mit einer Papierhülle, auch stiftartig im Holzmantel. Die Strichart ändert sich mit der Haltung der Hand, wobei der Holzstift weniger Variationsmöglichkeiten bietet als die übliche Kreideform. Interessante Striche entstehen, wenn man die gesamte Breite der Kreide nutzt.**

## Mit Schatten spielen

Ein Objekt ohne Schatten schwebt wie ein Sputnik im Raum – daß also Schatten notwendig sind, um Gegenstände am „Schweben" zu hindern, wissen wir bereits. Sie können aber auch zu einem interessanten Gestaltungselement werden und nicht nur notwendiges Übel sein. Sie sehen das an diesen Beispielen. Der „richtige" Schatten links oben ist langweilig. Viel lebendiger wirkt er, sobald er nicht aus einer glatten Fläche besteht, sondern Struktur und unterschiedliche Helligkeiten bekommt.

**Man kann den Schatten auch zur Hauptattraktion eines Bildes machen, indem man alle anderen Gegenstände zurücknimmt und den Schatten in den Mittelpunkt stellt.**

**Die ausgeschnittenen Teile habe ich auf schwarzen Karton gelegt, weil so die Farben stärker leuchten. Den Hintergrund lockerte ich dann mit Pastellkreiden auf. Unten eine Zeichnung mit Farbstiften – mit farbigen Schatten.**

### Übung

*Es muß nicht alles echt sein und direkt vor Ihnen stehen, was Sie als Vorlage für eine Zeichnung nutzen. Schneiden Sie aus Zeitschriftenfotos verschiedene Gegenstände heraus. Das können Möbel sein, ebenso Geschirr, Spülmittel oder Schmuck, auch Früchte und Flaschen wie in dem Beispiel oben. Machen Sie daraus eine Collage – das allein wird Sie schon zu allen möglichen Kompositionen anregen. Diese Collage benutzen Sie nun als Grundlage für zwei Zeichnungen: Zuerst machen Sie daraus eine Farbzeichnung, dann setzen Sie das Ganze in schwarzweiß um. Spielen Sie dabei mit dem Schatten. Viel Spaß!*

# Pflanzen

Schon immer ließen sich Künstler, im besonderen Maler, von der Natur anregen. Pflanzen aller Art spielten dabei eine große Rolle. In der Antike beispielsweise wurden Blüten und Blätter zu Ornamenten, die – wie im Mittelmeerraum – Tempel verzierten oder in Asien Motive für Seidenmalereien waren.

Auch später skizzierten, zeichneten und malten unzählige Künstler Blumen, Wiesen, Felder und Bäume. Albrecht Dürer (1471–1528) war einer von ihnen, Henri Rousseau (1844–1910) gestaltete mit Pflanzen, detailgenau und in fast naiver Art, sehr dekorative Bilder.

Es ist ein Erlebnis, mit dem Stift der Natur auf die Spur zu kommen, zu entdecken, wie fein oft Blätter miteinander verbunden sind, wie Blüten immer wieder neue Formen bilden und wie unglaublich vielfältig allein Gräser und Halme sind. Die folgenden Seiten sollten Sie zu solchen „Entdeckungsreisen" anregen.

**Unterwegs skizziert: Blätter und Beeren in einer kolorierten Filzstiftzeichnung, darüber eine Skizze im Weinberg mit Feder und Pastellkreide.**

## Skizzieren

Skizzieren Sie, wo auch immer Sie Gelegenheit dazu haben. Sanfte Blüten sind ebenso interessante Motive wie bizarre Bäume oder blühende Wiesen. Auch was die Technik anbelangt, sind Ihrer Phantasie keine Grenzen gesetzt. Feder und Tusche sind ebenso geeignet wie Aquarell, Farbstift oder Kreide.

Zum Zeichnen kommt man eigentlich immer: Ein Blumenstrauß zu Hause, Baumgruppierungen oder blühende Sträucher bei einem Spaziergang – auch die Palmen am Strand oder schneebedeckte Tannen im Urlaub sind wunderbare Motive.

**Phantasie ist erlaubt: ausgedachte Blumen in einer Mischtechnik (oben). Abgeriebene Kreide wurde mit Fixativ „festgeklebt", die dichten Stellen sind mit Aquarellfarben gemalt, dann wurde wieder mit Kreide hineingezeichnet.**

**Die Zeichnung links ist hingegen nicht frei erfunden; skizziert wurde mit Tusche und Feder, die Blätter als Akzent sind mit Wasserfarben hineingesetzt.**

Themen und Motive

# Typisches erfassen

Natürlich ist auch beim Zeichnen von Pflanzen das genaue Beobachten das Wichtigste. Beginnen wir mit den Blättern und mit ein paar Tips, die das Beobachten erleichtern.

Stellen Sie sich das Blatt auf einem glatten Stück Papier vor. Wenn sich das Blatt wellt, tut es nichts anderes als ein gewelltes Stück Papier auch: Es verläuft perspektivisch; lediglich die Umrißform ist anders als bei dem Papier. Vereinfachen Sie also das Blatt zu einer der Grundformen, und verändern Sie seine Lage.

Denken Sie daran, daß nicht alle Blätter einfach oval sind. Ein paar der möglichen Formen habe ich Ihnen aufgezeichnet (unten).

Selbstverständlich kann man nicht alle Blätter eines Baumes einzeln zeichnen. Man muß also auch hier zuerst die Grundform sehen, die oft sehr einfach ist: Dreieck, Kreis oder Oval. Der Schatten gibt der einfachen Form schon Plastizität, der Baum bekommt durch ihn seine typische Form (rechts). Kneifen Sie die Augen

**Trockene Blätter ringeln sich an manchen Stellen: Eine gute Skizzierübung, um sich über die Plastizität klar zu werden.**

zusammen, wenn Sie einen Baum zeichnen wollen, und halten Sie dann nur die Schattenflächen fest, ohne sich um Details zu kümmern. Sie werden erstaunt sein, wie schnell Sie so das Typische der Pflanze auf das Papier bringen.

Struktur und Farbe spielen ebenfalls eine wichtige Rolle. Mit den Farben wurde bei dem großen Baum die Rundung erzielt, das helle Gelb verläuft über Grün zu dunklem Blau. Wie Sie sehen, müssen weder Farben noch Strukturen absolut wirklichkeitsnah sein, um den Baum „echt" erscheinen zu lassen.

**Die vier häufigsten Baumformen sehen Sie unten. Auch bei diesen einfachen Skizzen vervollständigt der Schatten die Form.**

Themen und Motive 101

# Darstellungsmöglichkeiten

Ebenso wie man nicht alle Blätter eines Baumes zeichnen kann, kann man auch nicht jeden einzelnen Grashalm einer Wiese zeichnen. Spielt die Wiese in dem Bild keine große Rolle, dann wird man sie vielleicht nur durch eine einfache Schraffierung oder durch eine grüne Farbfläche darstellen.

Doch oft sind vereinzelte Halme und Gräser ein zusätzliches Bildelement, das die Komposition belebt. Natürlich eignen sie sich auch wunderbar als eigenständiges Motiv. Es bietet sich ein weites Feld für den Einsatz vieler Techniken, Sie können in jeder nur möglichen Art experimentieren.

Auf der rechten Seite sehen Sie oben Variationen mit weichem Bleistift. Die runden Flächen habe ich mit dem Finger aufgerieben – mit Hilfe einer Kreisschablone. Punkte, Linien und dunkle Stellen verändern sich mit wechselnder Haltung des Stiftes und mit variierendem Druck der Hand.

Auch mit Pinsel und Farbe kann man äußerst abwechslungsreich spielen, unten nur ein paar der vielen Möglichkeiten. Halten Sie den Pinsel einmal wie die Japaner, und zeichnen Sie damit von oben, ohne die Hand aufzulegen. Sie bekommen ein ganz anderes Gefühl für die Tusche und ihre Eigenarten – probieren Sie es aus!

**Oben Versuche mit dem Pinsel, unten links mit Tusche und Feder, rechts zwei Varianten mit Ölkreiden.**

Wenn sich eine hohe Wiese über eine größere Fläche erstreckt, sieht man die einzelnen Gräser und Halme nur in unmittelbarer Nähe. Je weiter die Pflanzen vom Auge entfernt sind, desto mehr verbinden sie sich zu einer Fläche, die nur noch verschiedene Schattierungen aufweist.

Eine Möglichkeit, das darzustellen, ohne einfach nur eine glatte Fläche zu malen, ist die Auflösung in Punkte und kleine Striche (unten). Man kann damit Schattenflächen, aber auch höhere und tiefere Stellen herausarbeiten und zugleich den Eindruck von großer Entfernung erwecken.

**Dreimal Wiese: Links kam es auf Einzelheiten an, die mit dem Bleistift dargestellt wurden, unten auf Nähe und Ferne, gezeigt durch kräftige und zarte Farben, große und kleine Bildelemente.**

Themen und Motive 103

# Aufbau

Es gibt zwei Möglichkeiten, Blüten oder blühende Pflanzen darzustellen: Man kann entweder den Eindruck wiedergeben, den man von Farbe, Form und Stimmung hat, ohne auf detailgetreue Darstellung zu achten, oder man zeichnet die Pflanze so gut wie möglich ab. Letzteres ist eigentlich auch eine Voraussetzung für ersteres, denn: Was man gut kennt, kann man auch abwandeln und frei wiedergeben.

Manche Blüten wirken sehr kompliziert, und man muß sie wirklich genau anschauen, in ihrem Aufbau studieren. Dabei helfen die Grundformen. Außerdem sollte man sich klarmachen, wo und wie die höheren und tieferen Stellen liegen, man beobachtet die Schatten. Eine Rose ist besonders schwierig zu zeichnen, da ihre Blätter unzählige Formen haben, die sich je nach Frischegrad verändern. Vereinfachen wir also zuerst einmal das Motiv. Eigent-

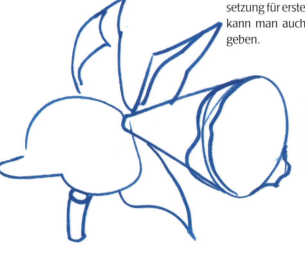

**Die Osterglocke, zerlegt man sie in ihre Grundformen, besteht aus einem Trichter, der aus überwiegend dreieckigen Formen herausragt.**

**Die Technik der Zeichnung oben: Wasserlösliche Farbstifte, die an manchen Stellen mit klarem Wasser vermalt wurden. Der dunkle Hintergrund betont die Gesamtform.**

**Die rosa Blüte habe ich mit Markern und feinen Filzstiften gezeichnet.**

**Die Blattwölbung der rosa Blüte links entsteht nur durch den Verlauf der Töne von Dunkel über Hell nach Dunkel.**

lich ist der innere Teil der Blüte ein angeschnittener Kegel, um den herum sich die übrigen Blütenblätter legen, die sich wiederum nach außen biegen. Bei dem „Wie" des Biegens hilft Ihnen Seite 100, sehen Sie sie sich noch einmal an.

Diese wilde Rose (links) ist kurz vor dem Verblühen, doch das Prinzip der Blütenblattanordnung bleibt gleich, auch wenn der gedachte Innenkegel nicht sehr groß ist (wilde Rosen sind meist weniger kompakt als die gezüchteten). Obwohl die Rose weiß war, habe ich die Schatten farbig angelegt, da ein leichter rosaroter Schimmer über der Blume lag. Wichtig ist der dunkle Hintergrund, der die Farben und Formen der Pflanze hervorhebt.

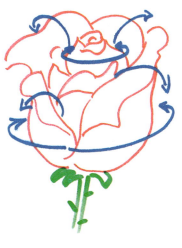

Themen und Motive 105

# Ausdruck

Es kam mir bei der Zeichnung rechts nicht so sehr auf die genaue, detaillierte Darstellung der Pflanzen an, sondern mehr auf den Gesamteindruck. Ich wollte vor allem Akzente setzen und Kontraste schaffen, wozu sich das Spiel mit Licht und Schatten richtiggehend anbot. Je nach Art der Pflanzen wählte ich verschiedene Techniken aus, kombinierte sie aber auch: Ich habe hier die Vielfalt mit Bleistift, Farbstift und Wasserfarben ausgedrückt.

Mit Wasserfarbe gleichmäßig angelegte Flächen lassen sich wunderbar mit Farbstiften weiter ausformen, indem man mit ihnen Schraffuren hineinsetzt, Schatten damit zeichnet oder Strukturen wiedergibt.

Auch mit weichem Bleistift erzeugt man zusätzliche Vertiefungen, ebenso kann man mit ihnen Linien stärker betonen oder weich verlaufen lassen.

Zeichnet man mit den Stiften in die nasse Farbe, läßt sie sich damit in andere Flächen hineinziehen; Sie sehen das gut an dem Beispiel unten. Dort habe ich die blauen Striche auf diese Weise benutzt.

**Oben:** Pinsel und Farbstift ergänzen sich harmonisch. Die wasserlöslichen Farbstifte lassen sich vermalen, man kann aber auch Aquarellfarben in verschiedenen Nuancen dazusetzen. **Mitte:** Die dunklen Schatten bewirken Tiefe. Mit dem stehengelassenen Weiß werden positive und negative Flächen in die Komposition einbezogen; die Farbe gibt ihnen Gewicht.

*Übungen*
*Zur genauen Beobachtung von Farb- und Formveränderungen einige Anregungen.*

*1. Kaufen Sie einen frischen Blumenstrauß, und skizzieren Sie ihn zuerst in schwarzweiß. Dadurch werden Ihnen Formen und Schatten klar. Setzen Sie das Ganze dann in Farbe um; wählen Sie eine Technik, die Ihnen zusagt.*

*2. Suchen Sie einen Gegenstand mit ganz anderen Strukturen (zum Beispiel eine Tasse oder Obst), und legen Sie ihn zu dem Strauß. Versuchen Sie nun, die Unterschiede der Strukturen zu erfassen und deutlich herauszuarbeiten.*

*3. Nach ein paar Tagen wird der Strauß welk. Werfen Sie ihn aber nicht weg, sondern zeichnen Sie ihn erneut. Beobachten Sie dabei die Veränderungen der Farben und der Formen. Wenn es Ihnen Spaß macht, können Sie auch mehrere Entwicklungsstufen festhalten.*

*4. Zeichnen Sie entweder den frischen oder den welken Strauß in zwei verschiedenen Techniken, beispielsweise einmal mit Feder und einmal mit Pastellkreiden. Damit bekommen Sie mehr Sicherheit bei der Entscheidung, was Sie womit zeichnen. Übrigens: Auch das Kombinieren von Tusche mit Pastellkreiden hat einen großen Reiz.*

# Landschaften

Wenn wir auf Motivsuche sind und einen herrlichen Landschaftsausblick vor uns haben, möchten wir am liebsten alles festhalten. Der große Vorteil des Zeichnens gegenüber der Fotografie ist, daß wir weglassen können, was uns nicht gefällt. Während der Fotograf unter Umständen Mühe hat, eine häßliche Überlandleitung nicht auf das Bild zu bringen, brauchen wir sie einfach nicht zu zeichnen. Das gilt für alles, was uns mißfällt. Das Zeichnen erlaubt die Freiheit, Dinge zu verändern, die eigene Stimmung und Phantasie einzubringen, zu übertreiben oder zu reduzieren.

**Eine Landschaft bietet viele interessante Motive – mit dem „Hand-Passepartout" wählt man einen Ausschnitt.**

# Einen Ausschnitt suchen

Natürlich ist es nicht immer ganz leicht, sich für ein Motiv zu entscheiden, wenn mehrere Möglichkeiten bestehen. Ein einfaches Hilfsmittel ist es da, mit den Händen einen Ausschnitt zu suchen, indem man sie wie ein Passepartout vor die Augen hält.

Aus dem Panorama unten lassen sich mehrere Bilder machen. Eines davon wäre der Ausschnitt links oben, den ich mir vorher mit dem „Hand-Passepartout" ausgesucht habe. In diesem Fall sollten die Türme dominieren, ich wollte die Bauwerke und nur wenig Natur zeigen. Man könnte aber auch die Aussage verändern, etwa: Die Natur soll über dem Menschen stehen. Die Gebäude würden nun verkleinert werden und unter einen mächtigen Himmel gestellt, vielleicht mit dramatischen Wolken. Auch in dem rechten Teil des Panoramas lassen sich noch verschiedene Kompositionen finden, eine habe ich als Beispiel umrahmt.

*Übung*
*Finden Sie noch drei Ausschnitte in dem großen Bild, aus denen Sie dann interessante Kompositionen machen können. Wenn Sie Lust haben, skizzieren Sie einen davon auf und setzen ihn in eine andere Technik um.*

# Blickfang

Jedes Bild will seinen Betrachter einfangen. Das kann durch die Art des Motives geschehen, durch die Technik, auch durch die Ausdruckskraft der Zeichnung. Doch all diese Punkte benötigen etwas, das unseren Blick anzieht, einen Blickfang also. Dieser Blickfang muß nicht groß sein, er muß aber deutlich den Blick des Betrachters auf sich ziehen.

Wenn Sie sich nach einem Motiv umsehen, überlegen Sie einmal, warum Sie an etwas Bestimmtem hängen bleiben, warum Sie das eine interessant finden und das andere nicht. War da vielleicht eine besondere Form oder eine ungewöhnliche Farbe?

Ich halte die für mich wichtigen Punkte immer schon in der ersten Skizze fest. In dem kleinen Beispiel waren es die Farben: Die blau-weiß-rote Flagge spiegelte sich in ihrer Umgebung wider, nämlich das Rot im Dach, das Weiß im Gebäude und das Blau im Himmel.

Die Farben spielen auch die wichtigste Rolle bei den anderen Bildern dieser Doppelseite. Oben sind es nicht die Bäume oder die großen Farbflächen, die den Blickfang bilden, sondern es ist das winzige, aber einzige Rot im Bild: das Dach. Eine ähnliche Wirkung haben die Dächer unten rechts, obwohl doch der Himmel den meisten Platz beansprucht.

In der oberen Zeichnung führen die großen, fast nur angedeuteten Pflanzen im Vordergrund den Blick nach hinten, auf das Gebäude zu. Das Ganze ist eine Komposition, die durch ihre Flächenverteilung durchaus ungewöhnlich ist und eigentlich von der Formenvielfalt der Bäume lebt. Das Gebäude ist der Mittelpunkt des Bildes. Was aber zieht den Blick besonders an? Es ist die Flagge, die sich durch ihre Farben von allem anderen unterscheidet.

### Übung
*Zeichnen Sie eine kleine Landschaftsskizze in schwarzweiß. Setzen Sie dann sparsam Farben an solche Stellen, die eigentlich gar nicht so wichtig sind, und beobachten Sie die Veränderung der Aussage.*

# Übertreibungen

Bei einem Spaziergang über einen griechischen Hügel habe ich die kleine Kapelle mit dem Baum entdeckt. Der Weg war ziemlich steil, und in Erinnerung daran habe ich mich entschlossen, das Steile des Hügels zu übertreiben. Es handelt sich also um eine ganz subjektive Erfahrung, die ich auf diese Weise dem Betrachter mitteile. Scheuen Sie sich nicht, Ihre persönliche Ansicht in einem Bild unterzubringen, und haben Sie keine Angst, Diagonalen und Formen zu übertreiben. Vor allem Diagonalen machen eine Komposition lebendig.
Auf Schwarz leuchten die farbigen Kreiden und Stifte besonders gut und geben so das südliche Abendlicht wieder.

Die Briefmarke hat mich zu der Zeichnung rechts angeregt, wobei die Größe der Marke die Größe der anderen Gebäude bestimmt. Im Kontrast dazu steht die verhältnismäßig leere Fläche, die die Komposition bestimmt. Sie sehen, daß hier die extremen Größenverhältnisse der Flächen für Spannung sorgen. Also: nur Mut zum Verschieben von Proportionen! Auch perspektivische Übertreibungen haben ihren Reiz, sehen Sie sich dazu noch einmal die Seiten 52/53 an. Achten Sie jedoch darauf, daß die senkrechten Linien nicht nach innen fallen, dann nämlich sieht es so aus, als würden die Wände einstürzen. Bei Übertreibungen nach außen hingegen bleiben sie stehen.

**Die Komposition lebt von den Diagonalen, die im Zentrum aufeinandertreffen.**

**Der Karton, den ich benutzt habe, war beschrieben. Da die Schrift weiß war und ich einen nach oben heller werdenden Verlauf geplant hatte, bezog ich die Buchstaben als Bildelement mit ein.**

**Landschaften bieten sich durch ihre Vielfältigkeit besonders zu Spielereien und Übertreibungen mit unterschiedlichen Farbflächen und Materialien an.**

# Städte und Dörfer

Bei uns in Europa taucht in jeder Landschaft ziemlich bald irgendein Gebäude auf. Das sollte uns nicht stören, wenn wir unterwegs zeichnen wollen, denn Architektur und Bauart sind meist typisch für das Land und daher oft interessante Motive.

## Typische Gebäude

Auf Reisen sind meine Skizzen für mich wie ein Tagebuch, in dem ich Erlebtes und Gesehenes, auch viele typische Gebäude, festhalte und manchmal auch schriftlich kommentiere. Über Jahre hinweg habe ich auf diese Weise ein regelrechtes Archiv zusammengetragen, auf das ich immer wieder zurückgreifen kann.
Ob man nun ganz genau abzeichnet oder einfach Impressionen wiedergibt, hängt von der Stimmung, der Zeit und vielleicht vom Wetter ab. Betrachten Sie Skizzen auch als Grundlage, auf der man aufbauen kann.

**Oben eine griechische Kapelle, darunter die schnelle Bleistiftskizze eines italienischen Dorfes.**

Der Karneval in Venedig hat mich zu dieser ungewöhnlichen Perspektive inspiriert.

Mit Tuschefüller (Isograph) und viel Geduld hat der Student Martin Jennings aus England das Münchener Rathaus festgehalten.

Die bunte Häuserreihe ist mir in Amerika aufgefallen.

Themen und Motive

# Fassaden

Das Interessante an Fassaden sind meist die Fenster. Da gibt es glatte oder mehrfach unterteilte Fenster, dicke oder dünne Rahmen, Stuck und Zierwerk, runde und eckige Formen. Eines aber haben alle Fenster gemeinsam: Die Scheiben sind dunkler als ihre Umgebung. Das kann man sich als Kompositionselement zunutze machen: Man teilt eine Fassade in helle und dunkle Flächen auf. Die Monotonie einer Wand kann damit durchbrochen, das Fenster kann zum grafischen Detail werden. Wie Sie oben sehen, braucht das Fenster den Rahmen, um plastischer zu wirken. Wenn das Licht von oben kommt, sind die oberen Schatten stärker, auch in den Scheiben selbst. Lichtreflexe oder Spiegelungen im Glas kann man aufnehmen und sogar ausbauen.
Bei einem ganzen Straßenzug wäre es zuviel verlangt, würde man tatsächlich alle Fenster

**Das Haus unten, mit feinem Tuschefüller gezeichnet, lebt von den unterschiedlichen Größen und Formen der schwarzen Fensterflächen.**

einzeln und detailliert zeichnen. So nutzt man nur die Tatsache, daß alle Scheiben dunkel wirken, und setzt nur eine Reihe dieser dunklen Partien, perspektivisch verjüngt, in die Fassaden (Beispiel rechts). Verzierungen, aber auch Fensterläden und Rollos beleben eine Hauswand, wie Sie in der Skizze darunter sehen. Hier habe ich mit Filzstift gezeichnet. Bei all diesen Architekturzeichnungen spielen die Schatten eine entscheidende Rolle. Sie müssen natürlich nicht haargenau abgezeichnet werden, oft hilft die gewählte Technik ein bißchen weiter.

Bei der Federzeichnung (rechts Mitte) handelt es sich um Verläufe mit Farbtusche, darunter um eine Wachskreidenarbeit.

# Ungewöhnliche Ansichten

Städte bieten eine unendliche Vielzahl an Motiven. Auch Dinge, die wir vielleicht auf den ersten Blick nicht so schön finden, können zu interessanten Kompositionen werden. Denken Sie zum Beispiel an Fahrräder, die an Mauern lehnen, oder sogar an Mülltonnen in einem Hinterhof.

Auch der vielbeschimpfte Verkehr mit den dazugehörigen Schildern und Pfeilen bietet eine variationsreiche Auswahl an Motiven. Man muß eigentlich nur hinschauen und offen sein für alles, was nicht alltäglich ist – oder man muß selbst das Alltägliche zu Ungewöhnlichem machen.

**Die Straßenszene plante ich – noch als Student – für eine Lithographie. Die grafischen Linien von Straßenführungen und Kreuzungen, dazu die verschiedenen Fensterformen und Verkehrszeichen, animierten mich zu der Umsetzung in das klare Schwarzweiß. Ob es sich um Wolkenkratzer handelt oder um Bauernhöfe: Immer spielt für mich das grafische Element an Gebäuden eine wichtige gestalterische Rolle.**

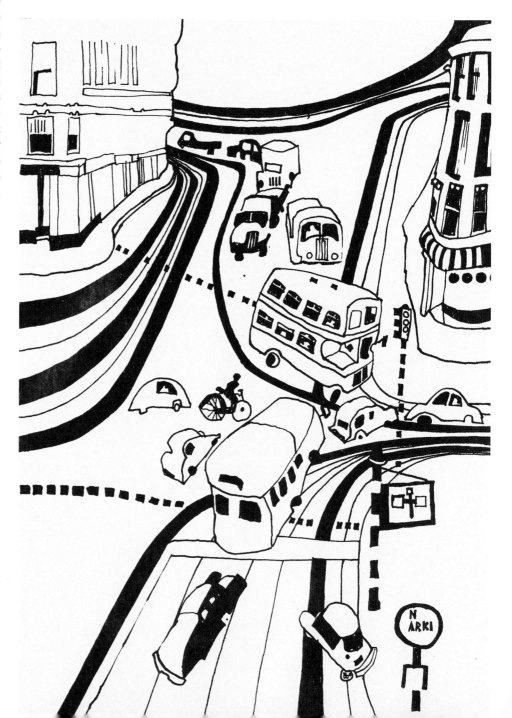

Genau hingeschaut habe ich zwar auch hier bei der Kirche, doch dann entschloß ich mich, nur die Stimmung wiederzugeben; Details der Architektur haben mich für die Zeichnung selbst nicht interessiert. Es war die große Kirche, deren Übermacht mich faszinierte. Die Stadt im Hintergrund schien im Vergleich zu dem Bauwerk keine Rolle mehr zu spielen. So habe ich zwar farblich der Stadt eine gewisse Wichtigkeit zukommen lassen, aber dann die Größe der Kirche übertrieben, ohne im einzelnen auf sie einzugehen.

Die negativen Flächen tragen hier entscheidend zu der Aussage bei.

# Schriftzüge und Schilder

Eine andere Besonderheit besitzen Städte noch: Werbung, Reklame und viele Schilder. Ganze Straßenzüge werden oft geprägt von Neonreklamen oder Plakaten. Auch wer noch nie in Hongkong war, kennt die Bilder, auf denen man vor lauter Leuchtschriften keine Häuser mehr sieht. Auch wenn Ihnen so etwas vielleicht ein Dorn im Auge ist – Sie sollten doch nicht den optischen Wert solcher Schilder für eine Zeichnung unterschätzen. So kann zum Beispiel die Perspektivkonstruktion eines Straßenzuges durch ebenfalls perspektivisch verlaufende Schriften verstärkt werden; in einer tristen Häuserreihe lassen sich farbige Akzente durch Plakate oder ähnliches setzen. Die grafische Form eines einzelnen Buchstabens kann zum Blickfang werden, er kann, je nach Größe und Farbe, dominieren oder einfach nur ein Hinweis sein.

Einige Skizzen zu diesem Thema hat Ursula Bagnall angefertigt. Sie zeichnet am liebsten in Cafés, wenn möglich im Freien, sonst aber innen. In dem Café links (in Florenz) waren die übereinanderliegenden Schriften faszinierend: Vom Inneren des Lokals aus gesehen überdeckte der Name des Cafés, spiegelverkehrt auf der Fensterscheibe, die Reklame des Hauses gegenüber. Grund genug, die Menschen einmal nur als schmückendes Beiwerk zu nehmen und statt dessen vorrangig das Schriftengewirr festzuhalten.

An einem trüben Tag waren die Tische und Stühle eines Biergartens noch aufeinandergestapelt, und eigentlich sollte diese etwas melancholische Stimmung eingefangen werden (ganz rechts). Doch an welcher Stelle auch immer man sich befand: Dieser Kiosk war im Weg. Kurz entschlossen wurde dann eben er zum Zentrum des Bildes bestimmt. Gerade das, was eigentlich gestört hatte, wurde nun herausgehoben: die Zeitschriften und die dazugehörende Reklame.

Die Perspektive wird durch die Schrift verstärkt, die auch dunkle und helle Akzente setzt.

# Anregungen

Vielleicht haben Sie nun Lust bekommen, sich einmal selbst an eine Zeichnung von Häusern und Straßenzügen zu wagen. Leider aber regnet es gerade, Sie haben beim besten Willen keine Möglichkeit, sich eine fabelhafte Perspektive in einer aufregenden Stadt zu suchen ... Ihnen soll geholfen werden – zum Üben und Einarbeiten genügen auch Fotos. Und weil bisher so oft von Gewöhnlichem, das ungewöhnlich sein kann, gesprochen wurde, habe ich ein Foto mit einem Fahrrad herausgesucht, das in Brighton an einem Zaun lehnte. Als Foto ist es nicht überwältigend, denn Fahrrad, Palme und Säulen überschneiden sich ungünstig. Machen Sie es besser!

Meine Skizze soll nur ein Kompositionsvorschlag sein. Das Fahrrad bleibt angeschnitten, aber ich vergrößere die Wiesenfläche und versetze Haus und Palme so, daß sie sich ergänzen und sich nicht im Weg stehen. Machen Sie noch andere Kompositionsvorschläge.

Das Bild bietet auch eine schöne Möglichkeit, hier die verschiedenen Strukturen herauszuarbeiten: das glatte Metall des Fahrrades, die Bewegung in Wiese und Palmenblättern und die Statik der Säulen.

Bei dem Blick von oben mit den angeschnittenen Hausfassaden und den eigenwilligen Dächern mischt sich Verspieltes mit Strengem. Das Motiv wäre einen Versuch mit Pastellkreiden und Federn wert; was meinen Sie dazu?

Nicht ganz einfach zu zeichnen ist der Straßenzug am Wasser (das Foto entstand in Straßburg). Sehen Sie sich dazu noch einmal die Seiten 116 und 117 an. Vereinfachte Fassaden und Fenster sind hier notwendig, natürlich können Sie die Proportionen übertreiben. Als Technik könnte ich mir eine Federzeichnung vorstellen, die mit Aquarellfarben (für die Spiegelung und den Himmel) ergänzt wird.

Licht und Schatten spielen in der italienischen Gasse (unten) eine ausschlaggebende Rolle; die sparsam eingesetzte Farbe kann zum besonderen Effekt in Ihrer Zeichnung werden. Wenn Sie die Stimmung von Mittagshitze und Siesta verstärken möchten, lassen Sie die beiden Männer weg. Die Menschenleere ist besonders typisch für die italienische Mittagszeit. Und wenn Sie die Antennen auf den Dächern als störend empfinden, lassen Sie sie ebenfalls weg. Man kann sie aber auch als grafisches Element betrachten und sie mit feinen Linien als Kontrast dazu setzen.

Straßenschilder – das einzige, was diese Gasse in Hongkong mit Autos und Lieferwagen interessant macht (kleines Foto rechts). Versuchen Sie einmal, das ganze Bild nur aus Flächen und Schriften zusammenzusetzen; lassen Sie die Personen weg. Trotz der realistischen Vorlage kann eine nahezu abstrakte, grafische Zeichnung daraus werden.

**Eine Reihe von Motiven aus verschiedenen Städten – sie lassen sich in interessante Zeichnungen umsetzen.**

Themen und Motive   123

# Menschen

**Eine grundsätzlich unterschiedliche Form haben männliche und weibliche Körper, egal ob angezogen oder nackt (wir sehen jetzt einmal von knabenhaften, weiblichen Fotomodellen ab). Der Mann hat die Tendenz zu breiten Schultern und schmalen Hüften, während Frauen eher schmale Schultern und breitere Hüften haben.**

Über viele Jahre hinweg war die Darstellung des Menschen immer eine Idealisierung: Der schöne Körper stand für die schöne Seele. Erst Leonardo da Vinci und Michelangelo beschäftigten sich in der Renaissance intensiv mit der Anatomie, und man entwickelte ein Schema der menschlichen Proportionen, das auch heute noch gültig ist. Jeder Mensch sieht zwar anders aus, dennoch legte man sich auf eine sogenannte ideale Figur fest. Ihre Proportionen dienen als Grundlage für jede Art von Figurendarstellung, sie werden auch Ihnen bei den Anfängen helfen.

## Proportionen

Generell läßt sich der Körper eines Erwachsenen in sieben bis acht gleich große Teile gliedern, wovon der Kopf ungefähr ein Achtel des ganzen Körpers ausmacht. Die Hüfte liegt etwa auf halber Höhe.
Sind beide Arme zur Seite ausgestreckt, entspricht die Entfernung von den rechten Fingerspitzen zu den linken der Länge des Körpers vom Kopf bis zu den Füßen. Die Skizze unten zeigt das achtteilige Schema.

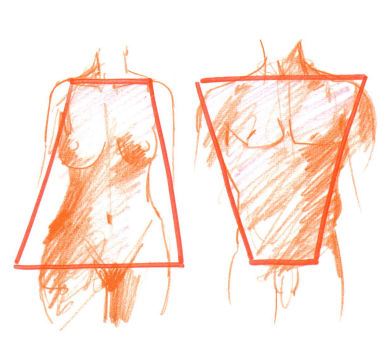

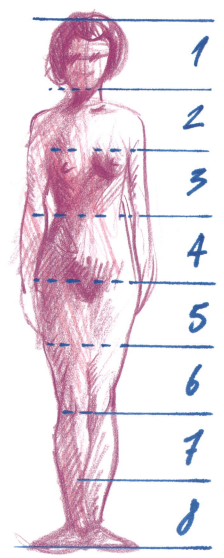

**Die gezeigte Einteilung gilt natürlich in erster Linie als Anhaltspunkt und kann durchaus bei manchen Menschen anders aussehen. Bei kleinen Kindern ist der Kopf im Verhältnis zum restlichen Körper ziemlich groß. Während der Körper im Laufe der Jahre dann wächst, verändert sich die Größe des Kopfes nur noch geringfügig.**

# Vereinfachung

Mit den richtigen Proportionen haben wir zwar eine Grundeinteilung als Zeichenhilfe gefunden, aber noch lange nicht den dreidimensionalen Körper. Den müssen wir für unsere Zwecke zuerst vereinfachen, um ihn zu verstehen – erinnern Sie sich also wieder einmal an die Grundformen (siehe Seite 34/35).
Ich zeige Ihnen das an der Venus von Lukas Cranach d. Ä. (1472–1553). Dieser weibliche Körper besteht aus Rundungen, deshalb vereinfache ich überwiegend mit Kreis und Oval. So bekomme ich zwar die Gesamthaltung, aber noch keine Plastizität.
Damit der Körper dreidimensional wird, stelle ich mir die Grundformen nun plastisch vor. Aus dem Kopf wird ein Ball, aus dem Körper werden lauter Röhren. In dieser Vereinfachung ist es nicht schwer, die zugehörigen Schatten zu finden und mit leichter Schraffur an den entsprechenden Stellen anzulegen.
Probieren Sie es auch, und sehen Sie sich dazu Seite 38 und, der Schatten wegen, Seite 40/41 noch einmal an.

**Das Licht kommt bei der Venus von Cranach übrigens von rechts oben, entsprechend formte er den Körper mit helleren und dunkleren Schraffuren, deren Linienführung er den Körperformen anpaßte.**

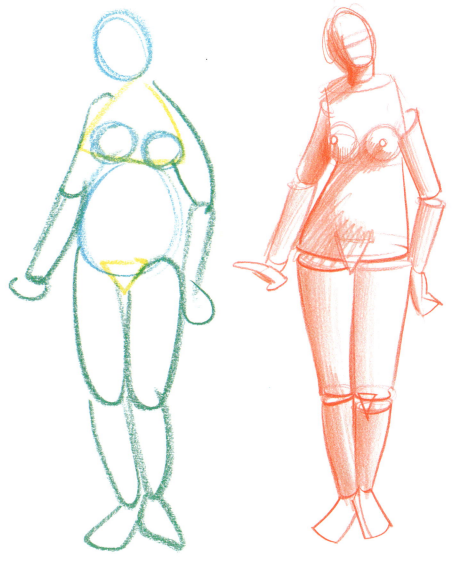

Themen und Motive 125

# Hände und Füße

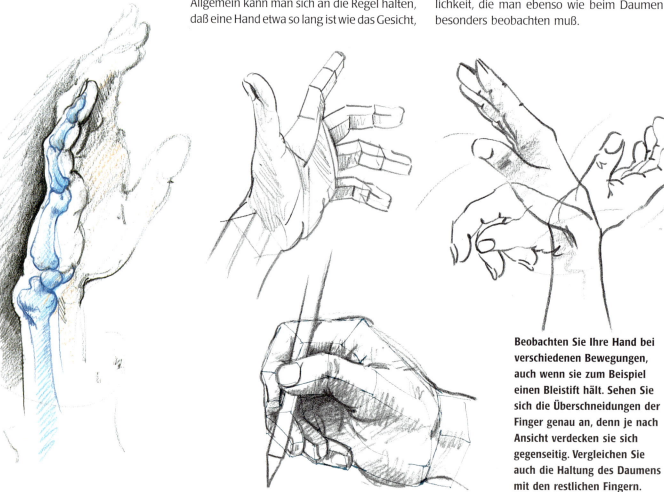

Nach dem Gesicht sind die Hände der aussagestärkste Teil des Menschen. Hände können sprechen, sie unterstreichen Gesagtes, sie deuten und packen zu. Auch läßt sich viel aus ihnen lesen, so läßt eine abgearbeitete Hand andere Rückschlüsse zu als eine gepflegte, weiche Hand.

Trotz dieser starken Ausdrucksmöglichkeit scheuen sich viele Künstler, Hände zu zeichnen. Sie werden immer wieder Abbildungen finden, auf denen die Hände hinter dem Rücken oder in Taschen versteckt sind. Doch wenn man sie genau beobachtet, sind sie nicht schwerer zu zeichnen als andere Dinge. Oft werden sie jedoch im Verhältnis zum Körper zu klein abgebildet, außerdem scheinen sie manchmal aus mehr Fingern zu bestehen, als auf einer Zeichnung unterzubringen sind.

Allgemein kann man sich an die Regel halten, daß eine Hand etwa so lang ist wie das Gesicht, daß sie also vom Haaransatz bis zum Kinn reicht. Der Daumen ist mit dem Handgelenk so verbunden, daß er sich unabhängig von den anderen Fingern bewegen kann. Wichtig ist die gedachte Mittellinie der Hand, an der sie sozusagen zweigeteilt wird.

Die Knochenstruktur vom Handgelenk über den Ballen bis zu den Fingern ist ganz einfach zu durchschauen. Wenn Ihnen Ihre Zeichnung zu kompliziert zu werden droht, stellen Sie sich am besten zunächst den Knochenbau vor, der bestimmte Verdrehungen der Finger gar nicht zulassen würde.

Die gesamte Hand bewegt sich immer aus dem Handgelenk heraus, von dort aus biegt sie sich nach vorne, nach hinten oder leicht zur Seite. Beim Drehen wird der ganze Unterarm bewegt. Die Finger haben ihre eigene Beweglichkeit, die man ebenso wie beim Daumen besonders beobachten muß.

**Beobachten Sie Ihre Hand bei verschiedenen Bewegungen, auch wenn sie zum Beispiel einen Bleistift hält. Sehen Sie sich die Überschneidungen der Finger genau an, denn je nach Ansicht verdecken sie sich gegenseitig. Vergleichen Sie auch die Haltung des Daumens mit den restlichen Fingern.**

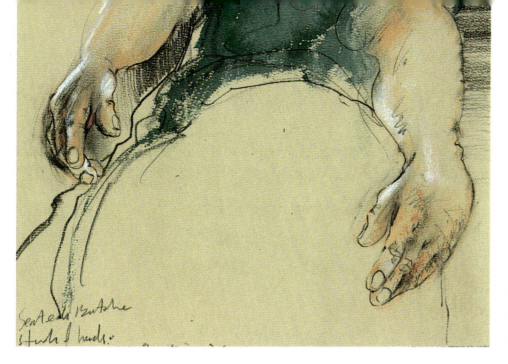

**Zur Anregung (links): Hände als Bildmotiv – eine ungewöhnliche Perspektive läßt die Hände sprechen.**

Die Grundstruktur einer Hand läßt sich in ihrer Beweglichkeit auch an einem Holzmodell gut nachvollziehen (rechts). Diese Modelle sind nicht ganz billig, helfen aber sehr bei der Konstruktion von Händen.

Das Zeichnen von Füßen ist einfacher, doch auch sie werden oftmals in vielen Bildern versteckt.

Beobachten und konstruieren Sie einen Fuß wie vorher die Hand. Skizzieren Sie möglichst viele Stellungen, bis Ihnen die Bewegungen geläufig sind. Da Füße weniger aussagen als Hände und zudem meist in Schuhen stecken, kann man sich durchaus auch mit Vereinfachungen zufriedengeben; doch das „Wie" solcher Vereinfachungen sollte man kennen.

**Oben: ein Holzmodell.**

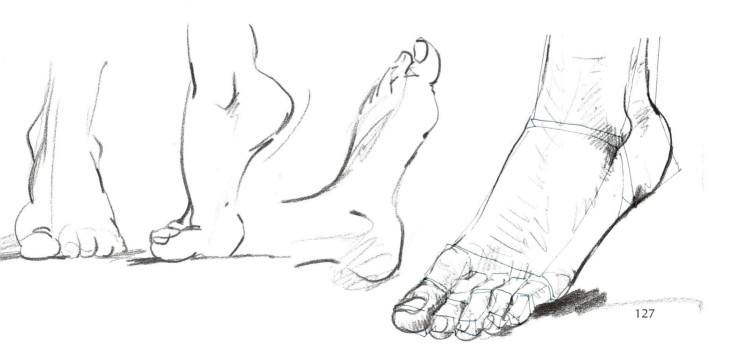

# Bewegungen

Den Menschen nur gerade in den richtigen Proportionen zu zeichnen wäre ziemlich langweilig. Zum Typischen jeder Person gehört schließlich auch die Art, wie er sich bewegt: Bestimmte Gesten sind ebenso aufschlußreich wie die Mimik eines Gesichtes.

Studieren Sie also die Bewegungen der Menschen, die Ihnen begegnen, im Fernsehen oder zu Hause. Entdecken Sie typische Gesten und Bewegungen, und versuchen Sie, sie festzuhalten. Dabei ist die Kleidung unwichtig, auch wenn sie vielleicht manches verdeckt oder betont.

Beginnen Sie zuerst mit ein paar Konstruktionslinien, die dann später ruhig noch zu sehen sein dürfen. Auch vereinfachte Grundformen oder angedeutete Schatten können Sie getrost als Basis Ihrer Zeichnung belassen. Sie können das an den Beispielen hier sehr gut sehen. Wichtig ist, daß Ihnen Bewegungen und Haltungen des menschlichen Körpers vertraut werden. Trainieren Sie zu beobachten, ohne sich von unwichtigen Details ablenken zu lassen. Überlegen Sie beim Skizzieren immer: Was ist für mich hier das Typischste, worauf kommt es mir an? Oft gibt ein Schatten den ausschlaggebenden Effekt, oder eine überzeichnete Linie verdeutlicht die Form.

**Am besten lernen Sie Körperformen natürlich beim Aktzeichnen kennen. Vielleicht stellt sich Ihnen ein Familienmitglied zur Verfügung; oft gibt es aber auch Möglichkeiten in Zeichen- oder Volkshochschulen.**

Themen und Motive

# Wesentliches schnell erfassen

Was aber tun, wenn kein Familienmitglied Lust hat, länger stillzuhalten, und wenn sich auch sonst kein Opfer finden läßt? Sie sind überall von Menschen umgeben, ob Sie nun auf den Bus warten, in der U-Bahn oder in einem Café sitzen. All diese Menschen nehmen verschiedene Haltungen ein; sie sitzen, stehen, gähnen oder lachen.

Skizzieren Sie sie schnell, und halten Sie nur das Wichtigste fest; das können auch markante Farben oder besondere Schatten sein. Betrachten Sie diese Skizzen als Gedächtnisstützen und als Unterlagen für weitere Arbeiten, auf die Sie immer wieder zurückgreifen können. Übrigens: Wenn Ihnen beim Zeichnen ab und zu jemand über die Schulter schaut, lassen Sie sich nicht irritieren, die meisten schauen auch bald wieder weg. Manchmal ergibt sich sogar ein nettes Gespräch daraus.

**Auf beiden Seiten: Die verschiedenen schnellen Skizzen entstanden alle in einem Café. Auf exakte Darstellungen kam es nicht an, sondern auf das Wesentliche der Menschen und der Situation.**

# Kopf und Gesicht

In einem Gesicht lesen wir die Stimmung eines Menschen, daher ist auch für die Zeichnung der Gesichtsausdruck sehr wichtig. Denken Sie nur daran, daß sich mit manchen physischen Merkmalen schon bestimmte Aussagen verbinden, wie zum Beispiel: „Der hat so einen schmalen Mund, der Mensch ist verkniffen." Bei Zeichnungen aus der Phantasie helfen solche Vorurteile, um eine Stimmung zeigen zu können. Porträtiert man aber jemanden, sollte man das schnell wieder vergessen. Man wird statt dessen einfach das festhalten, was einem an dieser Person typisch erscheint.

Doch sehen wir uns zunächst den Kopf an. Seine Grundform ist, stark vereinfacht, eiförmig; sie dient uns als Basis. Unterteilt man diese Eiform mit einer waagerechten und einer senkrechten Leitlinie, liegen auf der waagerechten die Augen, auf der senkrechten die Nase (1). Die Brauen liegen kurz über den Augen, die Nase auf der Hälfte zwischen Brauen und Kinn (2). Der Haaransatz liegt im obersten Drittel des Kopfes – Licht und Schatten machen das Gesicht plastisch (3).

Bei einer Dreiviertelansicht des Gesichtes (Halbprofil) verändern sich die vertikalen und die horizontalen Linien mit der Drehung des Kopfes (oben). Die Nase ragt nun über die senkrechte Linie hinaus und verdeckt einen Teil des hinteren Auges.

**Rembrandt hat in seiner Skizze die hier beschriebenen Grundeinteilungen deutlich einbezogen. Diese Theorien sind Hilfsmittel, ersetzen aber nicht das genaue Hinschauen.**

Der Gesichtsausdruck hängt zum großen Teil von den Augen ab, und die sind gar nicht so leicht zu zeichnen. Wir beschränken uns auch hier auf eine einfache Form. Beobachten Sie ein Auge immer genau, bevor Sie es zeichnen. Die Iris ist rund. Sobald sich der Kopf dreht, erscheint sie wie eine Ellipse (rechts). Achten Sie auf die verschiedenen Rundungen und Wölbungen des Auges und seiner Umgebung, vor allem auch auf die Teile, die leicht verdeckt sind.

Wichtig: Jedes Auge hat einen Lichtreflex auf der Pupille. Dieses Glanzlicht macht die Augen lebendig und beeinflußt den Ausdruck eines Blickes.

Das Aussehen der Nase verändert sich bei jeder Kopfdrehung. Stellen Sie sich deshalb der Einfachheit halber die Nase als Keil mit drei Seiten vor. Dieser kleine Trick wird Ihnen helfen, sich über die verschiedenen Perspektiven dieses markanten Gesichtsteils klarzuwerden.

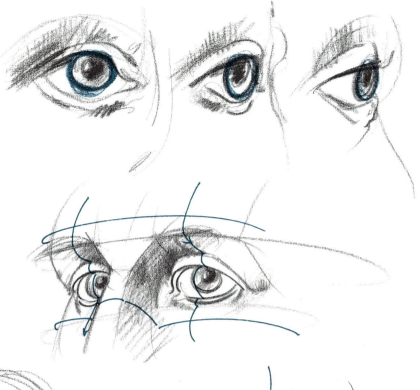

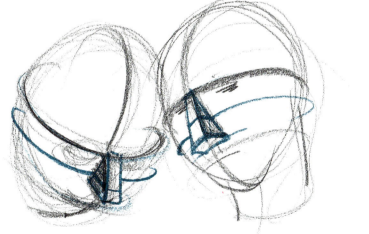

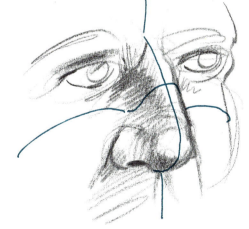

Ein starkes Ausdruckselement ist auch der Mund. Die volle Form der Lippen kann man nur in ihrer Ruhestellung erkennen. Sobald sich die Lippen bewegen, verändern sie ihre Form und Stärke. Die Linie, an der die Lippen aneinanderstoßen, also die Mundöffnung, ist stets die dunkelste Linie, da sich dort fast immer Schatten bilden. Sie muß also stärker betont werden als die äußeren Begrenzungslinien von Ober- und Unterlippe, die häufig wenig Schatten haben und sich nur durch die Farbe vom restlichen Gesicht abheben.

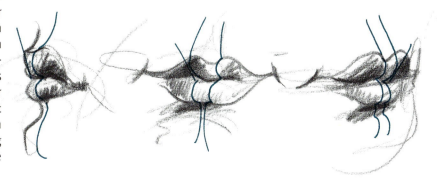

# Porträt

Natürlich gehören mehr Dinge als nur die richtigen Proportionen dazu, wenn man jemanden zeichnen möchte. Man möchte doch auch die Persönlichkeit festhalten und nicht nur äußere Merkmale. Oft ist die Ähnlichkeit gar nicht so perfekt getroffen, und trotzdem erkennt man die dargestellte Person – dem Künstler ist es dann gelungen, den Charakter zu erfassen und sichtbar zu machen.

Um ein Porträt zu kontrollieren, sehe ich es mir oft im Spiegel an. So fallen eventuelle Fehler oder falsche Proportionen leichter auf.

Das Porträt links habe ich nach dem Foto unten gezeichnet; ich konzentrierte mich dabei auf Licht und Schatten. Die Farbe dient nur als Schmuck.

**Im oberen Porträt diente die Farbe lediglich als Blickfang. Doch auch nur mit Farbe, ohne Schwarz, entstehen Licht- und Schattenpartien. Zum Ausprobieren habe ich die Skizze links gemacht, nur grob sind einige Farben angelegt. Rechts dann die genaue Ausarbeitung – in keinem der beiden Bilder wurde Schwarz verwendet.**

Die Ähnlichkeit eines Porträts muß keinesfalls immer, wie schon erwähnt, in der genauen Wiedergabe der Gesichtszüge liegen. Es kann nämlich das Umfeld die Person ebenso beschreiben wie eine typische Handhaltung oder der Gang.

Versuchen wir einmal, den Menschen auf diesem Bild zu charakterisieren. Sein Umfeld sagt uns eindeutig, daß es sich um einen Maler handeln muß. Vom Typ her allerdings könnte er eher ein Buchhalter sein – vielleicht also ein Hobbymaler? Er ist vorsichtig und genau, das zeigt seine Handhaltung: Um einen sicheren Strich zu bekommen, stützt die linke Hand die rechte. Das Vorbeugen und die zusammengepreßten Lippen zeigen die Konzentration, mit der der Mann arbeitet. Es scheint ihm auch nichts so wichtig zu sein wie das Bild, an dem er malt, denn er läßt seine Farbtuben offen und achtlos auf dem Tisch liegen; auch sein restliches Handwerkszeug ist willkürlich auf dem Tisch verteilt.

### Übung
*Zeichnen Sie einen Menschen mit Eigenheiten, die Sie in Ihrem Bild darstellen. Dann zeigen Sie das Bild Freunden und bitten sie, es zu interpretieren. Nun werden Sie feststellen, wie gut Ihre bildliche Charakterisierung war.*

Themen und Motive

# Karikaturen

Der Schritt vom Porträt zur Karikatur ist nicht weit; man braucht nur ein bißchen zu übertreiben – schon überzeichnet und verändert man die Wirklichkeit. Das Wort Karikatur kommt vom italienischen „caricare", was soviel bedeutet wie „überladen", also „übertrieben darstellen". Das haben genaugenommen Künstler schon immer getan, denken Sie an Goya (1746–1828) mit seinen Darstellungen des spanischen Königshauses oder an Picasso, der Gesichter abstrahiert und damit eigentlich karikiert hat.

## Übertreibungen

Wenn wir heute das Wort Karikatur hören, fallen uns wahrscheinlich zuerst die politischen Karikaturen ein, bei denen nicht nur die Gesichter der Politiker, sondern auch bestimmte Situationen in überspitzter Form gezeigt werden. Doch nicht nur in der Politik, auch in allen anderen Bereichen finden wir Karikaturen. Cartoons zum Beispiel sind nichts anderes: Es werden die unterschiedlichsten Ereignisse ins Komische gezogen. Oft werden auch Tiere mit menschlichen Eigenschaften ausgestattet, oder man unterschiebt Menschen tierische Verhaltensweisen.

Eine der berühmtesten politischen Karikaturen dürfte die „Birne" von Charles Philipon (1806–1862) sein. Er war Herausgeber der satirischen Zeitschrift „La Caricature" und entdeckte die Ähnlichkeit von Louis-Philippes Gesicht mit einer Birne (unten, die Entwicklung in vier Schritten).

**Inzwischen ist es ein Zeichen des hohen Bekanntheitsgrades und damit fast ein Kompliment, karikiert zu werden: oben J. F. Kennedy, unten Charles de Gaulles, links die Schauspielerin Lilli Palmer.**

**Unten die „Birne" von Charles Philipon. Da diese Karikatur ein großer Erfolg war und überall auftauchte, wurde Philipon 1831 wegen Majestätsbeleidigung verurteilt.**

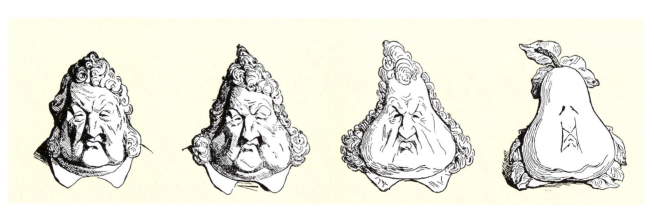

Aus meinem Skizzenbuch (ganz oben) stammt das Porträt einer Bekannten. Bei der Ausarbeitung erschien mir die Nase plötzlich wie ein Schnabel, die Brille wie die Augen einer Eule. Das regte mich zu einer Karikatur an, die mit der Person selbst gar nichts mehr zu tun hat. Ich habe mehrere Skizzen gemacht, von noch leidlich Ähnlichem bis zum eindeutigen Vogelkopf. Letzteres schien mir dann doch zu übertrieben. Deshalb habe ich bei der Ausarbeitung versucht, das Gesicht so zu zeichnen, daß die Schnabelnase erst auf den zweiten Blick zu erkennen ist.

Themen und Motive

# Spiel mit dem Profil

Bleiben wir bei Gesichtern, und beginnen wir mit dem Profil, das oft sehr markant ist und typisch für einen Menschen sein kann. Es gibt drei verschiedene Formen der Seitenansicht: eine nach innen gewölbte, eine nach außen gewölbte und eine gerade. Sehen Sie sich daraufhin Menschen von der Seite an, Sie werden diese drei Formen in Abwandlungen immer wieder finden.

Spielen Sie zuerst einmal mit den Profillinien, ohne andere Dinge des Kopfes zu beachten. Da kann die Nase extrem groß oder klein sein, das Kinn hervorstehend oder fliehend, die Stirn sehr hoch oder ganz niedrig. Dazu kommen Frisur und Lippen, eventuell – wenn sichtbar – die Ohren oder auch eine Brille.

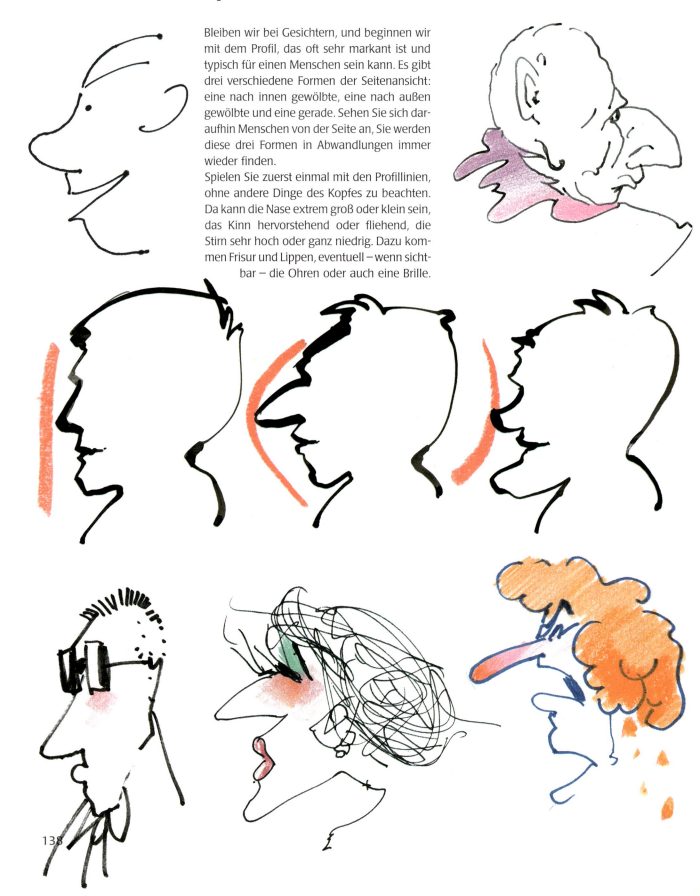

**Auch die Technik und die Wahl der Materialien helfen bei der Charakterisierung. Hier sind es Filzstift, Feder und Tuschefüller.**

Bei Halbprofilen sieht man mehr vom Gesicht, und daher kann man auch auf andere Eigenheiten eingehen. Probieren Sie einfach Verschiedenes aus: runde Augen, dreieckige oder schlitzförmige; Nasen können wie Kartoffeln aussehen, aber auch wie Keile, winzig oder übergroß. Zeichnen Sie ganz locker und ohne feste Vorstellungen, und benutzen Sie verschiedene Techniken. Lassen Sie die Köpfe ruhig, wie hier, ineinanderlaufen. Auch so eine ungeplante Komposition kann dekorativ sein.

Themen und Motive 139

# Typisches

Das Typischste an einer Person ist zweifellos das Gesicht, aber manchmal auch Figur und Haltung. Das Gewicht kann ein besonderes Merkmal sein, bestimmte Gesten oder Bewegungen ebenso. Charlie Chaplins Markenzeichen zum Beispiel waren nicht nur Schnurrbart und Hut, sondern auch der ganz typische Gang. Um mehr als nur das Äußere wiedergeben zu können, fügt man beschreibende Elemente hinzu. Das können Farben sein, bestimmte Kleidungsstücke oder andere Dinge.

**Charlie Chaplin, das Stöckchen schwingend, braucht fast nur Umrißlinien, um erkennbar zu sein. John Lennon und Yoko Ono demonstrierten in den sechziger Jahren für den Frieden der Welt.
In dieser Zeit entstand die Karikatur, die ihnen – ausgeschnittene und angeklebte – Engelsflügel verleiht.**

**Hans-Dietrich Genscher nach der Vereinigung Deutschlands – vereinigt, aber nicht geeint. Das habe ich durch den Bruch an der Schulter gezeigt.**

**Auf der rechten Seite Albert Einstein, das Genie mit ausgeprägtem Sinn für Schabernack. Wo andere viel Technik benötigen, setzt er seinen Geist ein.**

# Phantastische Karikatur

Nicht immer müssen es bestimmte Menschen sein, die man karikiert. Situationen, Ereignisse, auch eigene Empfindungen zu bestimmten Themen lassen sich in ein Bild umsetzen. Wie eine literarische Satire, die Ernstes heiter darbietet, kann auch die Zeichnung satirischer Art sein: eine wunderbare Möglichkeit, die Phantasie spielen zu lassen und verschiedene Techniken auszuprobieren.

Auch die Technik kann von starker Ausdruckskraft sein; Farbe kann ebenso besondere Akzente setzen und besondere Stimmungen hervorrufen. Hier ergänzt sie harmonisch die Zeichnungen und verstärkt die Aussagen: die Katze als Mensch oder der Mensch als Katze – die Entscheidung bleibt bei dem Beispiel rechts dem Betrachter überlassen. Der Titel des Bildes ist: „Schau in die Zukunft, denn dort wirst du den Rest deines Lebens verbringen". In diesem Fall wollte ich, daß sich der Betrachter seine eigenen Gedanken macht; ich gebe nur die Anregung dazu (Mischtechnik mit Feder und eingespritzten Farben).

Eine kolorierte Federzeichnung ist der Affenkopf, der aus der Orange kommt. Wie schon erwähnt, eignen sich Tiere oft gut dazu, menschliche Vorstellungen zu veranschaulichen. So auch rechts der Vogel Strauß, der den Kopf in den Sand steckt.

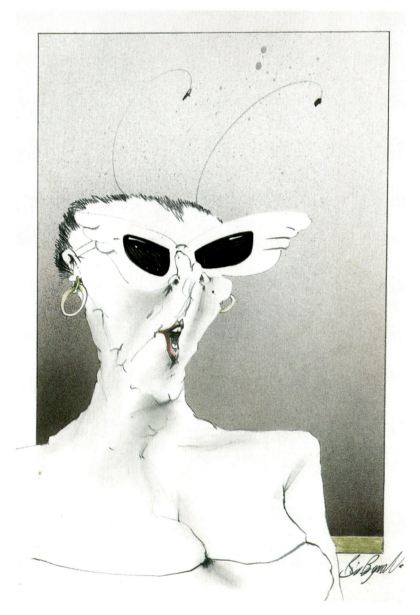

**Das Insektenartige eines gewissen Typs von Frau hat mich zu der Zeichnung links angeregt.
Einfach komisch fand ich die Idee mit der „lebenden Wolle" und skurril die Vorstellung von einem Apfel als Schneckenhaus – oder die Schnecke statt Wurm?**

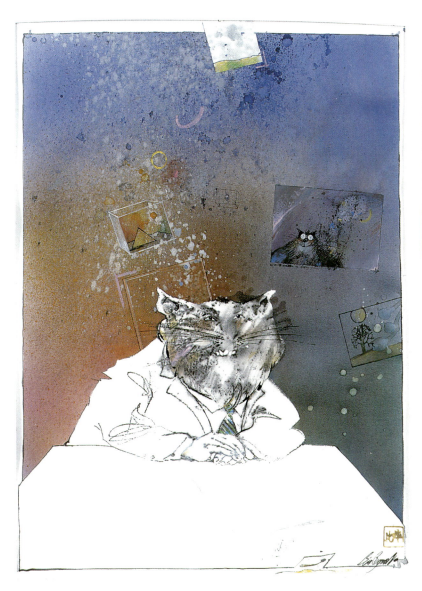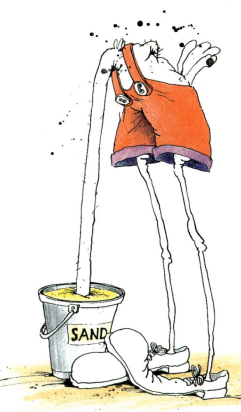

Themen und Motive

# Anregungen

Tiere wirken oft komisch, wenn man sie in menschliche Situationen steckt. Zeichnen Sie Ihr Lieblingstier, und denken Sie sich dafür verschiedene Situationen aus, in die das Tier geraten könnte. Geben Sie dem Tier Charaktereigenschaften wie: frech oder faul, schlau oder phlegmatisch. Das wird sich dann in der Gestaltung des Tieres ausdrücken. Ein faules Tier zeichnet man vermutlich dick und behäbig, ein listiges dagegen grazil und beweglich.

Ich persönlich liebe Pinguine. In ihrem schwarzen Frack wirken sie schon sehr menschlich, und leicht lassen sich da komische Situationen erfinden. Wie Sie sehen, macht der Pinguin auf Skiern eine ebenso gute Figur wie im Chor oder zu Hause.

Sprichwörter und gängige Bildvorstellungen lassen sich oft in lustige Cartoons umsetzen. Was entdeckt der Strauß da, wo er den Kopf in den Sand steckt? Und wie war das mit dem Vogel, der aus dem Fotoapparat kommt?

### Übung

*Was fällt Ihnen an Bildern zu den folgenden Sätzen ein?*
- *Das schreit zum Himmel!*
- *Morgenstund' hat Gold im Mund.*
- *Wenn zwei sich streiten, freut sich der Dritte.*
- *Wie man in den Wald hineinruft, so schallt es heraus.*

*Versuchen Sie, zu einem der Themen einen Cartoon oder eine kleine Bildergeschichte zu zeichnen. Probieren Sie dabei auch verschiedene Techniken aus.*

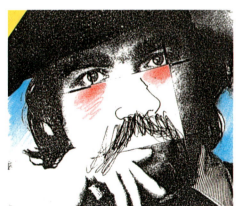

Sammeln Sie verschiedene Fotos einer bekannten Person, und versuchen Sie, diese zu karikieren. Machen Sie ruhig zuerst ein ganz normales Porträt, und arbeiten Sie sich dann an die Karikatur heran. Manchmal genügt es auch – wie hier –, nur einen Teil des Bildes zu überspitzen.

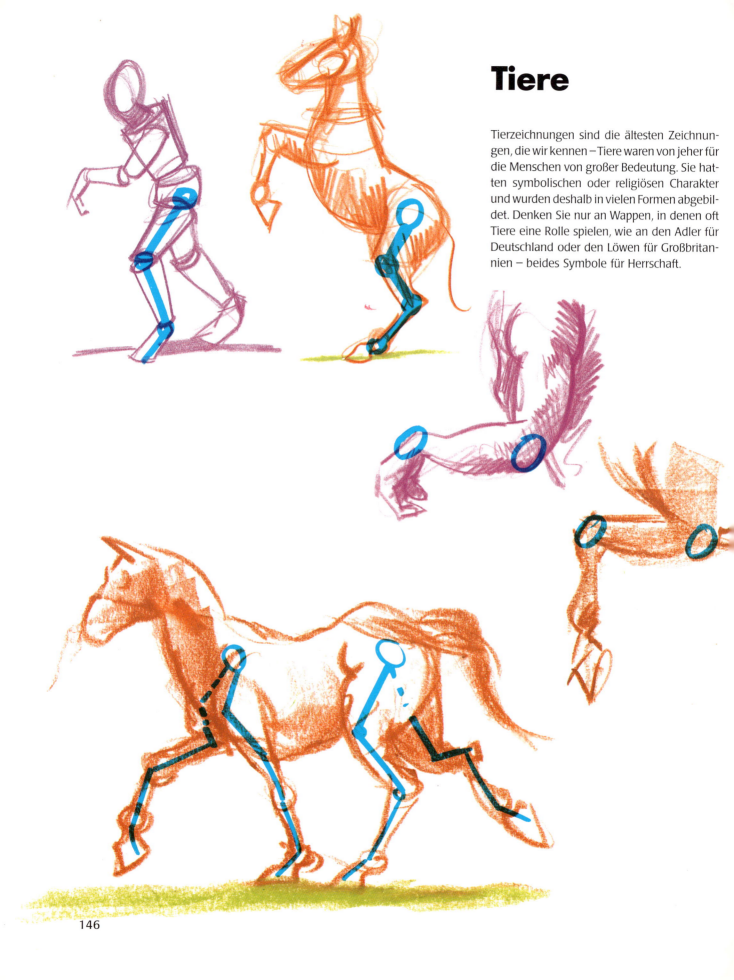

# Tiere

Tierzeichnungen sind die ältesten Zeichnungen, die wir kennen – Tiere waren von jeher für die Menschen von großer Bedeutung. Sie hatten symbolischen oder religiösen Charakter und wurden deshalb in vielen Formen abgebildet. Denken Sie nur an Wappen, in denen oft Tiere eine Rolle spielen, wie an den Adler für Deutschland oder den Löwen für Großbritannien – beides Symbole für Herrschaft.

# Anatomie

Sehen wir uns ein paar Punkte der Anatomie an, die bei den meisten Tieren gleich sind. Das Prinzip der Knochenkonstruktion bei Tieren unterscheidet sich gar nicht so sehr von dem der Menschen: Die Vorderbeine entsprechen unseren Armen, die Hinterbeine unseren Beinen. Natürlich sind die Größenverhältnisse anders. So entspricht der Unterarm in etwa dem unseren, also vom Ellbogen bis zum Handgelenk. Ein Pferd zum Beispiel hat wie wir Knie und Fußgelenk, nur der „Fuß" ist notwendigerweise verändert.

Viele machen beim Zeichnen den Fehler, die Beine erst dort anzusetzen, wo sie äußerlich sichtbar werden. Doch wie beim Menschen setzen die „Arme" und Beine an Schultern und Hüften an. Prägen Sie sich diese Konstruktion ein, denn sie wird Ihnen bei nahezu allen Tieren helfen, ihre Haltungen und auch Bewegungen leichter zu verstehen.

Tiere sind meist schwer abzuzeichnen, da sie nicht auf Zuruf stillhalten und recht unzuverlässige Modelle abgeben. Wichtig ist auch hier: Versuchen Sie, das ganze Tier zu erfassen; beobachten Sie seine Art und seine Bewegungen, bevor Sie zu zeichnen anfangen. Skizzieren Sie schnell, damit Sie eine Vorstellung von der Bewegung bekommen. Die Vorstudie kann ganz einfach sein, wie das Beispiel oben zeigt. Obwohl das Pferd nur angedeutet ist, stimmt doch schon die Grundhaltung, auf die man dann aufbauen kann. Sie können solche ersten Konstruktionen ruhig stehenlassen und dann darüberzeichnen, das beeinträchtigt das Bild keineswegs.

**Zum besseren Verständnis habe ich Ihnen unten die Konstruktion noch einmal deutlich eingezeichnet. Wäre sie statt dessen mit braunem Stift gemacht, würde sie durch die fertige Zeichnung nur noch leicht hindurchschimmern. Sie sehen also, daß das gar nicht stört.**

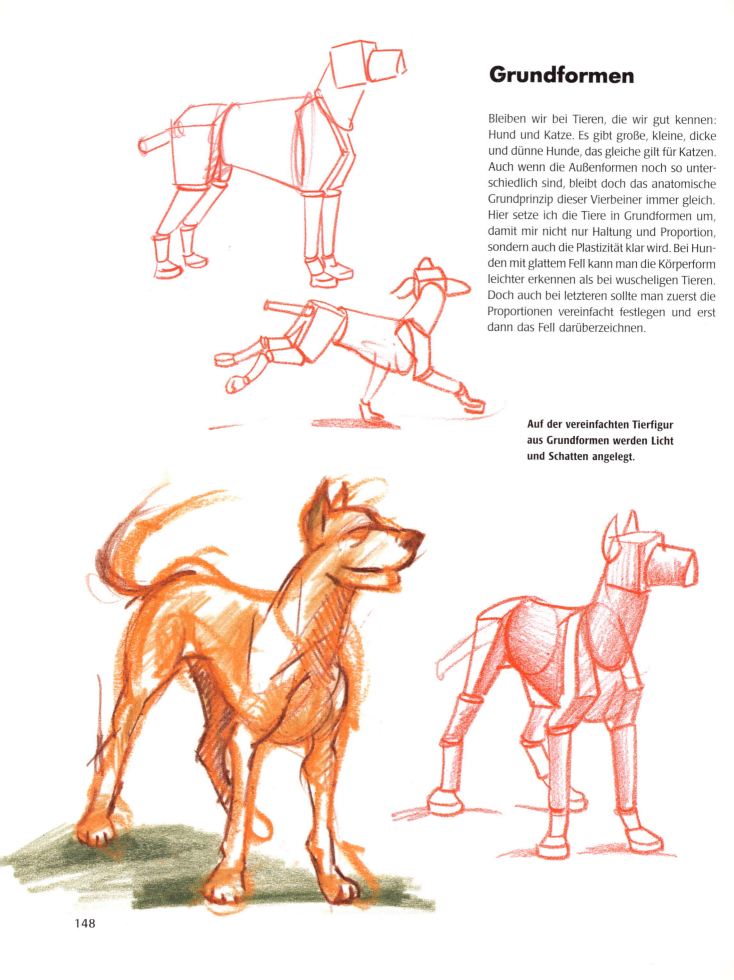

# Grundformen

Bleiben wir bei Tieren, die wir gut kennen: Hund und Katze. Es gibt große, kleine, dicke und dünne Hunde, das gleiche gilt für Katzen. Auch wenn die Außenformen noch so unterschiedlich sind, bleibt doch das anatomische Grundprinzip dieser Vierbeiner immer gleich. Hier setze ich die Tiere in Grundformen um, damit mir nicht nur Haltung und Proportion, sondern auch die Plastizität klar wird. Bei Hunden mit glattem Fell kann man die Körperform leichter erkennen als bei wuscheligen Tieren. Doch auch bei letzteren sollte man zuerst die Proportionen vereinfacht festlegen und erst dann das Fell darüberzeichnen.

**Auf der vereinfachten Tierfigur aus Grundformen werden Licht und Schatten angelegt.**

**Auch Tiere in Bewegung lassen sich in Grundformen zerlegen. Das heißt nun aber nicht, daß Sie das jedesmal tun müssen; es soll Ihnen lediglich zur Information dienen, damit Sie Ihre Beobachtungen leichter auf das Papier umsetzen können.**

Die Grundformen der Katze ähneln denen von Pferd und Hund, die Proportionen jedoch sind anders. Die Katze hat einen kleineren Kopf und einen langen Körper. Durch den schmalen Brustkasten wirkt der Körper, von der Seite gesehen, gerader als der des Hundes. Die Bauchlinie verläuft also fast parallel zur Rückenlinie. Während der Hund in erster Linie seine Beute mit der Nase aufspürt und daher eine längere Nase hat, jagt die Katze mit den Augen, die infolgedessen auch proportional größer sind. Doch nicht nur Formen und Schatten spielen eine Rolle. Katzen sind eigenwillig und undurchschaubar, sie bewegen sich geschmeidig und elegant – all das sollte auch in der Zeichnung zu sehen sein. Sie brauchen also viel Geduld zum Beobachten; machen Sie lieber zu viele Skizzen als zu wenige.

Themen und Motive

# Ein Modell finden

Wenn wir Tiere zeichnen wollen, liegt das Hauptproblem eigentlich darin, ein „Modell" zu finden. Wer ein Haustier besitzt, hat es leichter, denn zumindest im Schlaf hält das Tier lange genug still, so daß man es ohne Probleme abzeichnen kann.

Eine weitere Möglichkeit ist der Zoo. Allerdings muß man dort damit rechnen, daß einem Neugierige über die Schulter schauen, und das ist nicht jedermanns Sache. Außerdem ist die Sicht auf die Tiere nicht immer optimal; sie verstecken sich, oder die Gitterstäbe stören. Am praktischsten sind natürlich ausgestopfte Tiere, weil man sie in Ruhe von allen Seiten betrachten und zeichnen kann. Sie finden sie in Naturkunde-, Jagd- oder ähnlichen Museen.

**Der Bär ist eine von vielen Skizzen, die im Zoo entstanden; verwendet wurde lediglich ein schwarzer Kugelschreiber.**

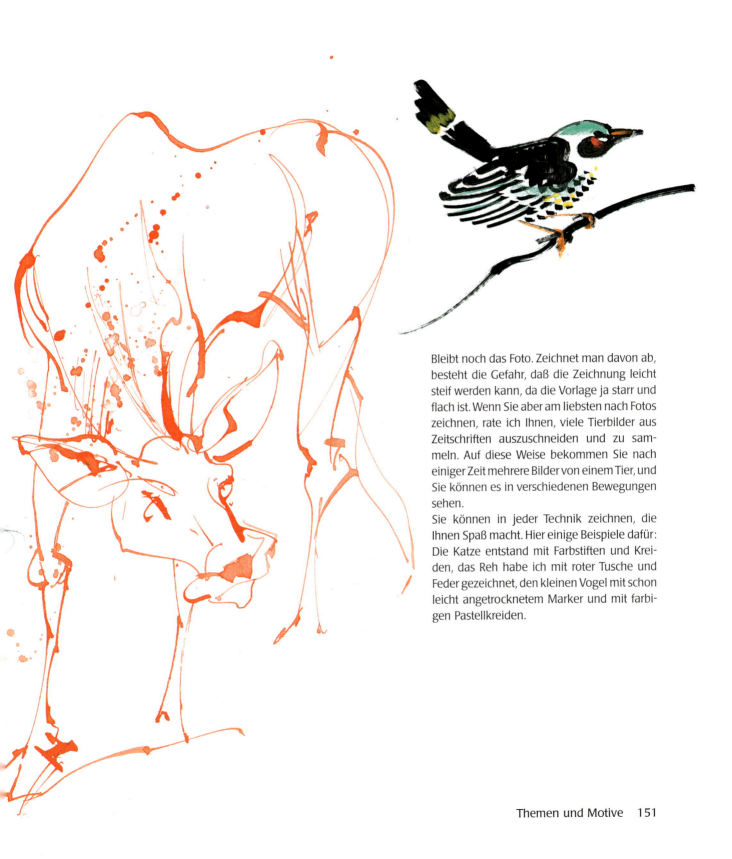

Bleibt noch das Foto. Zeichnet man davon ab, besteht die Gefahr, daß die Zeichnung leicht steif werden kann, da die Vorlage ja starr und flach ist. Wenn Sie aber am liebsten nach Fotos zeichnen, rate ich Ihnen, viele Tierbilder aus Zeitschriften auszuschneiden und zu sammeln. Auf diese Weise bekommen Sie nach einiger Zeit mehrere Bilder von einem Tier, und Sie können es in verschiedenen Bewegungen sehen.

Sie können in jeder Technik zeichnen, die Ihnen Spaß macht. Hier einige Beispiele dafür: Die Katze entstand mit Farbstiften und Kreiden, das Reh habe ich mit roter Tusche und Feder gezeichnet, den kleinen Vogel mit schon leicht angetrocknetem Marker und mit farbigen Pastellkreiden.

# Skizze und Ausarbeitung

Sie haben schon gesehen, daß die sicherste Art, zu guten Tierzeichnungen zu kommen, das ständige Beobachten und Skizzieren ist. Dabei müssen die Skizzen nicht immer detailgetreu und ganz genau sein: Wichtig ist das Festhalten dessen, was Ihnen sehr typisch erscheint. Wie Sie an diesen Skizzen sehen, habe ich immer wieder verschiedene Teile der Löwin hervorgehoben und genauer studiert.

Um auf keinen Fall zu steif und zu einseitig in meiner Art der Darstellung zu werden, benutze ich schon bei den Skizzen verschiedene Techniken. Auch hebe ich manches farblich hervor, wie zum Beispiel die Kopf- und Halspartie bei den Löwinnen unten. Mit Feder und Tusche lassen sich besonders lebendige Linien ziehen und an wichtigen Bewegungspunkten Akzente setzen.

Diese Akzente benutze ich auch in der späteren Ausarbeitung. Den Körper der Löwin habe ich mit Aquarellfarben grundiert. Dann habe ich mit Farbstiften und Pastellkreiden darübergezeichnet. Die senkrechten Linien dienen mir als grafisches Element; ich deute damit die Gitterstäbe an, ohne ihnen jedoch allzuviel Gewicht zu geben.

**Die Skizzen fertigte ich in verschiedenen Techniken an, wobei ich bereits Akzente setzte und das Material ausprobierte.**

**Achten Sie auf die Augen des Tieres.** Wie beim Menschen wirken auch sie ohne Lichtreflexe leblos und tot. Das Blau in den Augen belebt das Gesicht, es wiederholt sich mehrmals im Bild und setzt so Akzente in der Gesamtkomposition.

**Bei nicht eindeutig zu erkennenden Körperpartien** hilft mir die vereinfachte Konstruktion mit den Grundformen.

Themen und Motive

# Der Weg zur Karikatur

Das Zeichnen muß nicht immer tierisch ernst sein – auch bei Tieren nicht. Sobald man weiß, wie ein Tier wirklich aussieht, kann man es vereinfachen und übertreiben. Natürlich wird man nur die typischen Merkmale überzeichnen, da man sonst unter Umständen das Tier nicht mehr wiedererkennt. Sie sehen hier die Entwicklung von einer „naturgetreuen" Zeichnung zur Karikatur sehr deutlich.

Die typischen Bewegungen des Hasen bleiben auch bei dem Comic strip erhalten. Die Mohrrübe in der Denkblase ist eine kleine Hilfe zum besseren Verständnis der kurzen Geschichte. Den kleinen Zwerghasen besaß ich zu Hause, und immer wieder haben mich seine drolligen Bewegungen amüsiert. Die vielen im Laufe der Zeit entstandenen Skizzen und die kleinen Alltagsgeschichten, die ich mit dem Tier erlebt habe, inspirierten mich zu der kleinen Bildergeschichte. Die Maus lebte nicht bei mir zu Hause – trotzdem bekam ich die Idee daheim beim Essen meines Frühstückseies.

### Übung

Denken Sie sich eine kleine Geschichte aus, die Sie mit einem Tier darstellen können. Skizzieren Sie das Tier in verschiedenen Positionen, bevor Sie es vereinfachen und schließlich karikieren.
Beispiel: Eine Katze spielt mit einem Ball, stolpert über ihn, rollt, purzelt und fällt schließlich auf den Bauch – der Ball hüpft auf ihrer Pfote.

Themen und Motive

# Spielereien

Zeichnen soll Spaß machen. Der spielerische Umgang mit Formen und Farben kann aufregend und anregend sein. Haben Sie schon einmal versucht, abzuschalten und einfach ganz nach Gefühl Linien und Formen entstehen zu lassen? Sind Sie schon einmal optischen Täuschungen aufgesessen, oder sind Sie vielleicht Anhänger von Bilderrätseln? Solche und andere verspielte Bereiche der Zeichnung sind das Thema der nächsten Seiten.

# Zeichnen zur Entspannung

Zeichnen und Malen kann entspannend sein. Es ist kein Zufall, daß es deshalb ein unentbehrlicher Teil vieler Therapien ist. Ein Therapeut kann daraus einiges über seinen Patienten lesen und ihn dadurch besser verstehen; aber auch der Patient kann etwas für sich selbst tun, indem er sich erfreuliche und vor allem belastende Dinge nicht nur von der Seele redet, sondern auch zeichnet oder malt. Für diese Art der Beschäftigung ist es nicht wichtig, daß hinterher ein schönes Bild an die Wand gehängt werden kann, sondern die Tätigkeit selbst mit all ihren Wirkungen ist in diesem Fall das einzige Ziel.

Sicher haben Sie schon mal während des Telefonierens gekritzelt. Wenn man sich das später anschaut, wundert man sich oft, was denn da wohl in einem vorgegangen sein mag, denn diese Kritzeleien wurden ja nicht bewußt, sondern nur so nebenbei gemacht. Probieren Sie das einmal aus, ohne, wie etwa durch das Telefonieren, abgelenkt zu sein. Setzen Sie sich bequem hin, und lassen Sie Ihre Hand ohne bestimmte Vorstellungen vor sich hinzeichnen. Manchmal entsteht eine Form, die an etwas Bestimmtes erinnert, dann kann man die Idee ruhig weiterverfolgen. Ihre Kritzelei kann Sie anregen: Es wird Ihnen Spaß machen, wenn ohne große Anstrengungen interessante Formen oder Muster entstehen.

**Kritzeleien mit der Breitbandfeder und Tusche von Christiane Rückel haben eine Art Tapetenmuster ergeben.**

**Unten: Aus einer Kritzelei entstand ein Bild. Aus den zunächst ziellosen Strichen wurde eine Art Landschaft, unter die dann aus Spaß ein Gesicht gesetzt wurde.**

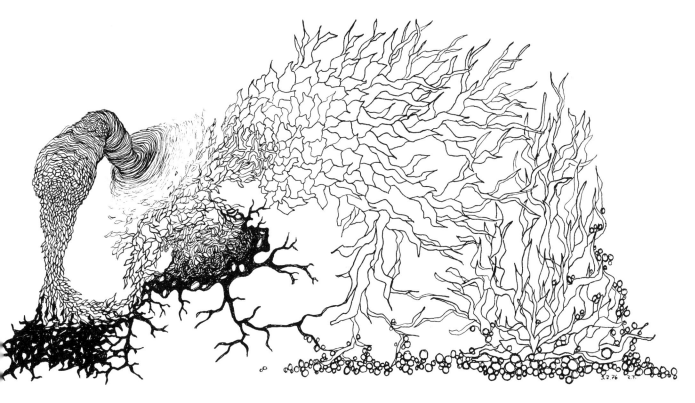

Spielereien mit der Zeichenfeder von Regine Felsch, bei denen sich immer neue Formen aus alten entwickeln. Links laufen die Strukturen gezielt in-, aber auch gegeneinander, verschiedene Formen lösen sich ab. Oben sehen Sie eine deutliche Entwicklung von einer Form zur anderen, die Strukturen scheinen pflanzenartig aus der Wurzel herauszuwachsen.

# Experimente

Zeichnen kann eine Ergänzung zu Experimenten sein, die man mit allerlei Material und mit Hilfe der Assoziation anstellt.

Sicher ist es auch Ihnen schon passiert, daß irgendeine Pflanzenform Sie an ein Tier erinnerte oder daß Sie in einer Wolke ein Gesicht entdeckten. Ich kenne ein Badezimmer, dessen abstraktes Kachelmuster für mich voller Gesichter steckt; und ich habe mir schon ein paarmal gedacht, daß ich einige dieser Gesichter festhalten sollte. Manchmal finde ich in Weggeworfenem und in Strandgut alle möglichen Figuren oder Formen, die sich für Experimente nutzen lassen.

Hier ein Beispiel: Zertretene und angerostete Blechdosen haben manchmal sehr bizarre und interessante Formen; ich habe also beschlossen, sie einmal in ein Bild zu integrieren. Sie dienen mir hier zum Unterbau der Kirche. Um eine Stadt daraus zu machen, brauchte ich nun noch verschiedene dach- und mauerartige Strukturen. Die habe ich aus verschiedenen Anzeigen ausgeschnitten. Dann habe ich alles auf ein Blatt gelegt und solange verschoben, bis es mir gefiel. Ich klebte alles fest; die restlichen Teile der Stadtansicht habe ich dann mit Feder und Bleistift dazugezeichnet und teilweise auch noch hineingemalt.

### Übung

*Der Sohn von Freunden mußte einmal für die Schule Blätter sammeln und pressen. Und weil ihm das zu langweilig war, hat er die Blätter zu einem Baum zusammengesetzt und den Stamm und eine Wiese dazugezeichnet. Es wurde ein ausgesprochen schönes Bild, das sogar dem Lehrer gefiel.*

*Probieren Sie einmal etwas Ähnliches. Sammeln Sie verschiedene Pflanzen, und pressen Sie sie. Danach versuchen Sie mit Hilfe von Zeichnungen, daraus eine Komposition zu machen, die gar nicht unbedingt etwas mit Pflanzen als Thema zu tun haben muß.*

# Herkömmliches ungewöhnlich darstellen

In diesem Buch habe ich schon öfter davon gesprochen, daß in den unscheinbarsten Dingen interessante Motive stecken können, wenn man sie nur sieht. Es gehört ein bißchen Mut dazu und Phantasie – wie Sie wissen, ist ja nicht viel verloren, wenn mal ein Bild mißlingt. Nehmen wir ein Gesicht als Beispiel, denn mit Gesichtern läßt sich zeichnerisch unglaublich viel anstellen: von der Verherrlichung bis zur Verunglimpfung, von der Komik bis zur naturgetreuen Wiedergabe. Beginnen wir mit dem Porträt rechts oben, das zwar eine ziemlich ähnliche, also fast naturgetreue Darstellung ist, jedoch durch die Farben ungewöhnlich und eigenwillig wird. Das Blau unterstreicht das Blauschwarz der Haare, die dunkle Gesichtsfarbe ist nicht einfach braun, sondern besteht aus einer ganzen Palette von Tönen.

Mehr als nur ein Porträt, nämlich auch die dazugehörige Gefühlswelt, wollte ich in dem Bild unten zeigen. Der Gesichtsausdruck, einmal ängstlich und einmal resigniert, unterstreicht die Stimmung des Bildes; trotzdem handelt es sich eindeutig immer um denselben Mann.

Der Kopf im Profil (Seite 163 unten) bekommt einen weiteren Ausdruck durch das eingefügte Halbprofil. Ich habe nur die dunklen Schatten herausgeholt und sie in Farbe umgesetzt, ein Spiel der positiven und negativen Flächen also. Hier ist der Ausdruck der beiden Gesichter fast gleich.

Probieren Sie etwas Ähnliches, aber diesmal mit einem lachenden und einem ernsten Gesicht. Sie können das mit Hilfe eines Schwarzweißfotos ausprobieren und den zweiten Gesichtsausdruck dann selbst verändern. Zeichnen Sie nur die dunklen Schatten des Fotos heraus, und versuchen Sie, damit das Gesicht darzustellen.

Das Spiel mit Gesichtern: Zeichnen muß nicht bedeuten, daß man alles so abbildet, wie man es sieht. Mit ungewöhnlichen Kombinationen, „unnatürlichen" Farben und viel Phantasie lassen sich Stimmungen und Gefühle darstellen.

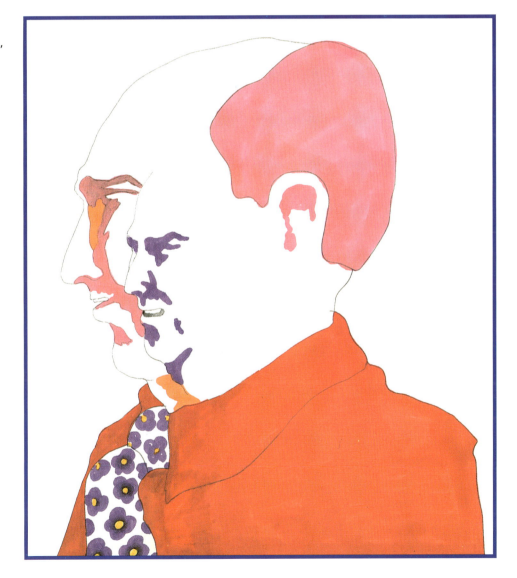

# Spiele und Rätsel

Fast in jeder Zeitschrift sind sie zu finden, die gezeichneten Rätsel. Da gibt es Fehler zu entdecken, Wege im Labyrinth zu suchen und optische Entscheidungen zu treffen. Es wird hier nicht die zeichnerische Kreativität gefordert, sondern mehr das Mitdenken, die geistige Kreativität. Es gibt auch verblüffende Experimente, die gar nicht so leicht zu durchschauen sind. Vielleicht haben Sie Lust, sich ein paar Rätsel selbst auszudenken? Hier sind einige Beispiele.

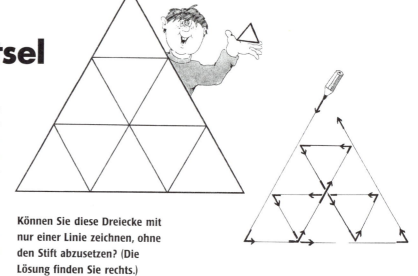

**Können Sie diese Dreiecke mit nur einer Linie zeichnen, ohne den Stift abzusetzen? (Die Lösung finden Sie rechts.)**

Wenn man das große Bild links unten an den angegebenen Stellen faltet, entsteht ein vollkommen neues Motiv, eine Maske.

Beliebte Rätsel sind Suchbilder. Da wird entweder etwas in einer Zeichnung versteckt, das es zu suchen gilt, oder es müssen Fehler gefunden werden.

Für eine Kinderzeitschrift habe ich diese vorzeitlichen Tiere zusammengestellt (unten). Herauszufinden ist, wie viele verschiedene Arten von Tieren abgebildet sind und um wie viele Tiere es sich jeweils handelt. Es ist gar nicht so leicht, Formen zu zeichnen, die ineinanderpassen; probieren Sie es einmal!

Bilderrätsel gibt es in vielen Formen; manche Leute schreiben zum Spaß ganze Briefe in Bildern. Es werden einzelne Silben dargestellt, manchmal auch Buchstaben dazugesetzt oder weggestrichen.

Zwei einfache Formen davon sehen Sie ganz rechts. Es ist nicht schwer zu erraten: Welche beiden Städte sind gemeint? Die eine liegt in Österreich, die andere in Oberbayern.

**Zu der Umrißzeichnung oben gibt es zwei „Schattenbilder", aber eines davon ist falsch: Es unterscheidet sich in fünf Einzelheiten von dem Original. Aufgaben dieser Art schulen die Beobachtungsgabe. Man kann sie auch (mit Hilfe eines Fotokopierers) selbst herstellen.**

Spielereien 165

# Optische Täuschungen

Bestimmte Sehgewohnheiten sind dafür verantwortlich, daß man völlig richtig gezeichnete Dinge ganz anders sieht. Da kann eine gerade Linie krumm wirken oder eine Figur größer als die andere, obwohl sie in nachmeßbarer Weise gleich groß sind.

So etwas kann einem auch zufällig in der eigenen Zeichnung passieren, und man hat dann einige Mühe, überhaupt herauszufinden, was da so „falsch" wirkt. Man kann aber auch ganz bewußt damit spielen.

Eine besondere Form optischer Täuschungen, eine unmögliche Figur, ist die Gabel. Dafür verantwortlich sind doppeldeutige Linien, die im rechten Teil der Zeichnung eine andere Aufgabe erfüllen als im linken Teil. Jede Hälfte ist zwar für sich gesehen logisch, doch zusammen wird daraus eine Form, die es nicht geben kann. Das, was im rechten Teil Zwischenraum war, wird links zu einer runden Form – der Zeichner bringt den Betrachter damit gehörig durcheinander.

Welcher der beiden Buben ist größer? Sie haben gedacht, der rechte? Das ist falsch, denn beide Kinder sind in der Höhe gleich groß; messen Sie es ruhig nach. Der falsche Eindruck entsteht vor allem durch die Räumlichkeit, die durch die schrägen Linien erzeugt wird.

Wie viele Würfel zählen Sie auf der Zeichnung rechts? Es gibt zwei Möglichkeiten, denn das Auge kann „springen" und optisch die Perspektive verändern – was aber nicht immer auf Anhieb gelingt. Wenn Sie die schwarzen Felder als Oberseite der Würfel betrachten, sind es sechs Würfel; nehmen Sie sie aber als Unterseite, so sind es sieben Würfel.

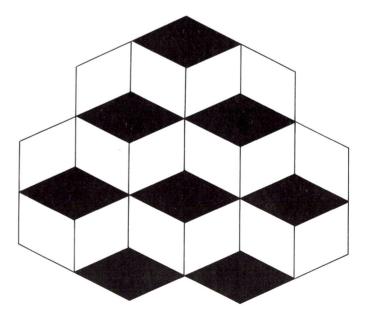

Noch einmal etwas zum „Augen-springen-Lassen": Aus dem Mann im Profil wird eine Maus. Die Brille wird zu den Ohren, die Nase zur Schnauze der Maus.

Auch die vorher schon erwähnten Suchbilder sind im Grunde optische Täuschungen; man läßt sich von der Kombination der Formen täuschen, die einem etwas vorzuspielen oder zu verheimlichen scheinen. Dieser sehr datailliert gezeichnete Baum besteht auf den ersten Blick nur aus verschieden geformten Blättern und Ästen. Man muß ihn sich schon genau anschauen, um in dem Bild fünf Vögel und sechs Frösche zu entdecken – ein gutes Beispiel für das Zusammenspiel positiver und negativer Flächen.

# Was noch dazu gehört

Im Laufe der Zeit werden sich bei Ihnen eine ganze Menge Zeichnungen ansammeln, die Sie gerne aufheben möchten. Manche sollen vielleicht einen eindrucksvollen Rahmen bekommen, andere mehr zur Anregung oder zur Erinnerung in der Schublade aufgehoben werden. Mit allem, was dazugehört, wollen wir Sie nun im letzten Teil dieses Buches vertraut machen.

# Aufbewahrung

Wenn es sehr viele Arbeiten sind, die Sie aufheben möchten, und wenn Sie vielleicht auch noch einen Vorrat größerer Papiere besitzen, wird sich der Erwerb eines Papierschrankes lohnen, der aus mehreren, sehr flachen Schubladen besteht. Diese Schränke haben DIN-Formate und werden im Fachhandel in verschiedenen Höhen angeboten.

Für eine einfachere Art der Aufbewahrung sind Mappen empfehlenswert, in die man die Zeichnungen flach hineinlegt und die man dann, senkrecht gestellt, aufheben kann. Es gibt einfache Pappmappen im Handel deren einklappbare Seitenteile den Inhalt vor Staub schützen. Etwas aufwendiger sind Plastikmappen oder Mappen mit Folienhüllen, in die die Zeichnungen gesteckt werden. Letztere sind wirkungsvoll zur Repräsentation, bei langer Lagerung jedoch schlagen sich die Farben auf den Plastikfolien nieder und sind schwer wieder zu entfernen.

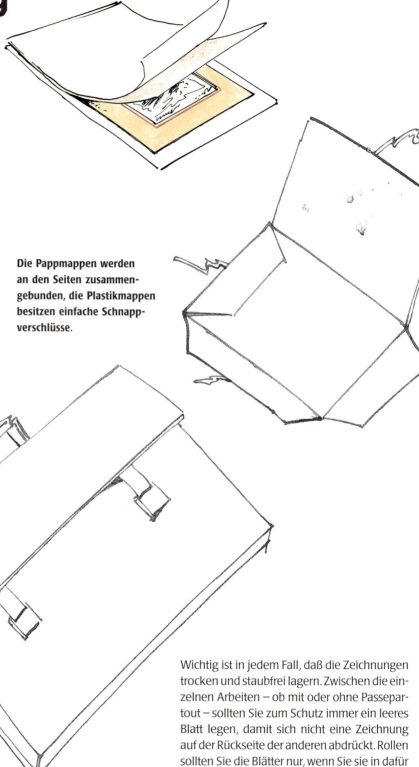

**Die Pappmappen werden an den Seiten zusammengebunden, die Plastikmappen besitzen einfache Schnappverschlüsse.**

Wichtig ist in jedem Fall, daß die Zeichnungen trocken und staubfrei lagern. Zwischen die einzelnen Arbeiten – ob mit oder ohne Passepartout – sollten Sie zum Schutz immer ein leeres Blatt legen, damit sich nicht eine Zeichnung auf der Rückseite der anderen abdrückt. Rollen sollten Sie die Blätter nur, wenn Sie sie in dafür vorgesehenen Pappen verschicken. Bleibt ein Blatt jedoch zu lange gerollt, ist es kaum mehr zu glätten.

# Passepartout

Ein Passepartout ist ein Rahmen aus Karton, der das Bild optisch von seinem Umfeld trennt. Das verschafft dem Bild „Luft" und erhöht seine Wirkung. Das Format eines Passepartouts soll mit dem Bild harmonieren, aber es gibt dafür keine festen Regeln. Ein riesiges Passepartout zum Beispiel kann die Bedeutung eines kleinen Bildes erhöhen, es kann es aber auch erschlagen – die Entscheidung, was zu einem Bild paßt, liegt bei Ihnen.

Zwei Punkte sind wichtig: Das Passepartout soll nicht zu schmal sein, sonst verliert es seine Wirkung. Außerdem muß es unten immer etwas breiter sein als oben, um die optische Täuschung auszugleichen, die entsteht, wenn ein Bild genau in der Mitte liegt: Es sieht dann so aus, als sei es nach unten verrutscht.

Sie brauchen zum Anfertigen des Passepartouts ein Papierschneidemesser, eine Schneidunterlage, ein Metallineal und Klebestreifen. Machen Sie zuerst ein paar Probeschnitte auf Resten des vorgesehenen Kartons, um ein Gefühl dafür zu bekommen, wie Sie schneiden müssen. Bei dünnem Karton können Sie die Abmessungen hinten leicht aufzeichnen und auch von hinten schneiden, dann bleibt die Vorderseite sauber. Bei dickem Karton schneiden Sie besser von vorne, damit Sie die Schnittkanten gut kontrollieren können. Das Lineal sollte außen liegen, damit bei einem Ausrutscher nur die unbedeutende Innenfläche beschädigt wird. Das Messer sollten Sie möglichst immer im gleichen Winkel halten, da unterschiedliche Schrägen am Innenrand deutlich zu sehen wären. Der schräg geschnittene Innenrand kann auch als Zierelement benutzt werden, doch um ihn im gleichbleibenden Winkel schneiden zu können, braucht man viel Übung und Feingefühl. (Man kann solche Arbeiten auch in Rahmengeschäften in Auftrag geben.)

Der Ausschnitt des Passepartouts sollte mindestens 3 mm kleiner sein als das Bild, damit eventuelle unschöne Ränder dahinter verschwinden können. Schwierig zu schneiden sind die Ecken, da man leicht darüber hinaus schneidet. Es empfiehlt sich also, auch das zuerst an einem Probekarton zu üben.

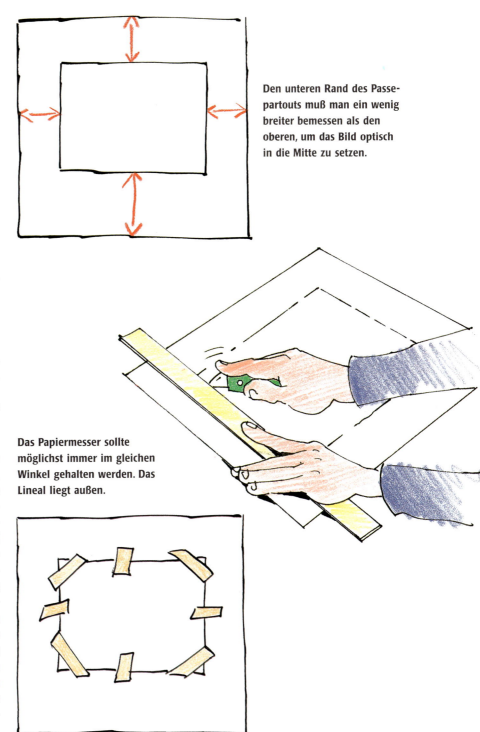

**Den unteren Rand des Passepartouts muß man ein wenig breiter bemessen als den oberen, um das Bild optisch in die Mitte zu setzen.**

**Das Papiermesser sollte möglichst immer im gleichen Winkel gehalten werden. Das Lineal liegt außen.**

Befestigt wird das Bild am Passepartout von hinten mit einigen Streifen Klebeband. Wenn Sie das Ganze dann noch verschönern wollen, können Sie vorn auf dem Karton, parallel zum Passepartoutinnenrand, eine feine, farbige Linie ziehen.

Was noch dazugehört 171

# Glas und Rahmen

Sicher werden Sie nicht all Ihre Bilder in Mappen verstecken, sondern auch ein paar davon aufhängen wollen. Am einfachsten dafür sind Wechselrahmen, die es Ihnen ermöglichen, die Bilder öfter auszutauschen. Wechselrahmen gibt es in vielen Ausführungen: nicht nur in Fachgeschäften, sondern auch in Kaufhäusern und Fotoläden. Eine Gebrauchsanweisung ist meistens dabei.

Vorsichtig müssen Sie allerdings bei Bildern mit Pastellfarben oder anderen weichen Stiften sein (auch wenn sie fixiert sind). Liegt das Glas des Rahmens nämlich direkt auf dem Bild auf, zieht es den feinen Pigmentstaub elektrostatisch an, und Ihr Bild löst sich nach und nach auf. Es empfiehlt sich daher, entweder ein kleines Stück Pappe außen zwischen Bild und Glas zu legen, um Abstand zu schaffen (Abbildung unten), oder, wenn es der Rahmen zuläßt, einen Keil unter das Glas in den Rahmen zu treiben (Abbildung ganz unten). Bei Zeichnungen mit einfachen Farbstiften genügt ein etwas dickeres Passepartout.

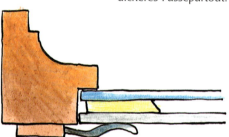

**Bei Zeichnungen mit weichen Stiften oder Kreiden muß für genügend Abstand zwischen Glas und Bild gesorgt werden.**

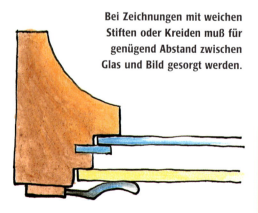

# Farbige Passepartouts

Die technische Seite des Passepartouts haben wir besprochen, doch da gibt es auch noch ein gestalterisches Element, und das ist die Farbe. Ein Passepartout muß nicht weiß sein, eine Farbe kann das Bild unterstreichen, kann seine Wirkung unterstützen.

Zum Bild und farbigen Passepartout muß natürlich auch der Rahmen passen und das Ganze zu dem Raum, in dem das Bild hängt. Vieles daran ist einfach Geschmacksache, doch ein paar Punkte können Ihnen bei der Entscheidung helfen.

Mit einem weißen Passepartout kann man wenig falsch machen, es bildet einfach einen Abstand zu dem Rahmen. Schwarz läßt Farben leuchten, kann aber ein zartes Bild unter Umständen erschlagen. Nehmen Sie also Schwarz nur bei kräftigen Farben und bei starken Kontrasten.

Oft ist es sehr wirkungsvoll, einen Farbton des Bildes im Passepartout aufzugreifen. Dadurch wird das Umfeld optisch mit dem Bild verbunden; der Rahmen kann dann einen Kontrast bilden, zum Beispiel in Weiß.

Vergleichen Sie die Wirkung der Zeichnung in den verschiedenen farbigen Umrandungen. Das Schwarz bildet einen starken, aber neutralen Kontrast und macht die Farben lebendig, während das Beige eher dämpfend wirkt. Das Blau wiederholt den Farbton des Bildes und dominiert dadurch stark, was den restlichen Farben aber nicht schadet. Das Rot schließlich ist kräftiger als die Farben des Bildes und vermindert seine Ausstrahlung. Welches Passepartout würden Sie wählen?

**Die Farbe des Passepartouts übt eine starke Wirkung auf das Bild aus.**

# Register

**Halbfette** Seitenzahlen verweisen bei mehreren Angaben auf eine ausführliche Erläuterung des Begriffs.

**A**bzeichnen 91, 104
Ähnlichkeit 134, 135
Aktzeichnen 129
Akzente 106, 152, 153
Anatomie
– der Tiere 147
– des Menschen 124
Anordnung
– asymmetrische 70
– symmetrische 70
– zentrierte 70
Anschneiden 69
Aquarellfarbe(n) 76, 91, 93, 99, 152
aquarellieren 59
Arbeitsplatz 72
Architekturzeichnung 117
arrangieren 80
Assoziation 160
Atmosphäre 75
Aufbau 104–105
Aufbewahrung 170
Auflösung 91, 103
Augen 132, 133
Augenhöhe 48–49, 55
Aussage(n) 69, 70, 109, 110, 111, 119, 132
Ausdruck **70–71**, 106–107
Ausgewogenheit 46
Ausschnitt(e) 47, 69, 73, 80–81, 109, 122

**B**eardsley, Aubrey (1872–1898) 47
Begrenzungen 44
Bellini, Jacopo (ca. 1400–1470) 13, 29
beobachten 92, 100, 129, 152
Betrachtungsweise 68
Bewegung(en) 69, 70, 128, 139
Bezugslinie 48

Bildaussage 70
Bildausschnitt(e) 68, 69, 73
Bildergeschichte(n) 16, 26, 155
Bilderrätsel 165
Bildersprache 24–25
Bildfolge 16
Bleistift(e) **58–59**, 79, 90, 92, 94, 102, 106, 114
Blickfang 110, 120
Blickpunkt 69
Blickrichtung 48
Blickwinkel **69**, 71
Brauen 132
Breitbandfeder(n) 62, 158
Buchdruck 15
Buchillustration 15
Busch, Wilhelm (1832–1908) 16

**C**artoon(s) **26–27**, 136, 144
Chinapinsel 63
Chinatusche 62
Comic strip 12, 16, 21, 154
Cranach, Lukas d. Ä. (1472–1553) 125
Cutter 92

**D**arstellung
– detailgetreue 104, 152
– flächige 91
– grafische 91
– lineare 91
– perspektivische 51
Darstellungsmöglichkeiten 102–103
Daumier, Honoré (1808–1879) 16
Delacroix, Eugène (1798–1863) 52
Diagonale 52, 71, 82, 112
Disharmonie 80–81, 46
Dörfer 114–123
Dramatik 69
Drucke, japanische 14
Durchzeichnen 37

Dürer, Albrecht (1471–1528) 15, 26, 38, 98
Dynamik 71, 82

**E**igenschatten 40, 54
Entwürfe 23
Experimente 160–161
experimentieren 84

**F**arbe(n) 74–75, 101, 102
– kalte 74
– warme 74
Farbgebung 44
Farbkontrast 71
Farbkreiden 82
Farbpsychologie 75
Farbstift(e) **58–59**, 72, 79, 85, 89, 92, 93, 94, 99, 106, 151, 152
– wasserlösliche 52, 55, 104, 106
Farbtheorie 75
Farbtönung 36
Farbwirkung 61, **74–75**
Faserstift(e) 64
Fassaden 116–117
Feder(n) **62–63**, 72, 88, 98, 99, 139, 142, 151, 152
Federzeichnung 38, 76, 117, 142
Figur 124–125
Filzstift(e) **64–65**, 79, 82, 91, 98, 104, 139
– wasserfeste 64
– wasserlösliche 52, 55, 64
Fixativ 60, 64, 99
fixieren 60
Fläche(n)
– negative **44–47**, 54, 69, 80, 82, 106, 119, 162, 167
– positive **44–47**, 54, 69, 80, 106, 162, 167
Flächengestaltung 40
Flächenverteilung 111
Fluchtpunkt **48–51**, 55
Fluchtpunktperspektive 48–53

Form(en) 41, 91
– negative 44
– positive 44, 46
Foto 122, 151
Frisur 138
Froschperspektive 48
Füße 127

**G**edächtnisstütze 22, 130
Gegenbewegung 71
Gegensatz 76
Gesamtform 34, 35, 38
Gesamtkomposition 29
Geschichte des Zeichnens 12–17
Gesicht 126, **132–135**, 138, 139, 162
Gesichtsausdruck 132, 133, 162
Gesichtszüge 135
Gestaltungselement 96
Gesten 128, 139
Glanzlicht 133
Glasschreibfeder 63
Gleichgewicht 46
Goya, Francisco José de (1746–1828) 26, 136
Griechen 13
Größenverhältnisse 76, 112, 147
Grundform(en) **35–39**, 100, 104, 125, 132, **148–149**, 153
Gulbransson, Olaf (1873–1958) 16

**H**aaransatz 132
Halbprofil 132, 139
Haltung 139, 148
Hände 126–127
Hand-Passepartout 109
Harmonie 80–81
Härtegrad 58, 59
Hell-Dunkel-Kontraste 40–43
Highlights 92
Hilfe, optische 22–23
Hogarth, William (1697–1764) 26
Holzschnitt 15
Horizont 48–51

**I**dealisierung 124
Illustration(en) **20–21**, 22
Ingres, Jean-Auguste Dominique (1780-1867) 46, 68
Initialen 15
Iris 133
Isograph 63, 115

**K**arikatur(en) **26–27**, 39, **136–145**, 154
– phantastische 142–143
– politische 16, 21, 26, 136
Kinn 132, 138
Klemmstift 58
Knetgummi 58, 60
Knochenkonstruktion 147
Knochenstruktur 126
Kohle 13, **60–61**
kolorieren 14, 72, 98, 142
Komposition(en) 37, 44, 70, 71, 73, **80–85**, 112, 118
Kompositionselement 116
Kompositionshilfe 37
Kontrast(e) 47, **76–77**, 91, 106
Kopf 132
Körper, dreidimensionaler 125
Körperform(en) 124, 129, 148
Körperschatten 40, 41, 54
Kreativität 164
Kreide(n) 13, **60–61**, 94, 99, 151
Kreidezeichnung 39
Kreisschablone 102
Kritzeleien 158–159
Kugelschreiber 63, 150
Kunst, asiatische 14
Kupferstich 26

**L**agerung 170
Landschaften 108–113
Landschaftsskizze 59
Lebendigkeit 76

Leonardo da Vinci (1452–1519) 13, 26, 60, 124
Leuchtkraft 61
Leuchtschrift(en) 120
Licht **40, 41**, 43, 72, 90, 91, 116, 123, 134, 148
Lichtechtheit 58, 64
Lichtreflex(e) 92, 116, 133, 153
Lippen 133, 138
Lithographie 17
Lorrain, Claude (1600–1682) 29

**M**agritte, René (1898–1967) 54
Maltherapie 158
Marderhaarpinsel 63
Marker **64–65**, 79, 92, 93, 104, 151
Material 56–65
Menschen 124–125
Merkmale
– besondere 34, 35, 36
– typische 154
Metallfeder 62
Metallspitze 13
Michelangelo Buonarroti (1475–1564) 13, 124
Mimik 128
Miniaturmalerei 15
Mischtechnik 82, 93, 99, 142
Mischtöne 59
Modellfuß 127
Modellhand 127
Modezeichnungen 23
Motiv(e) 86–155
Motivsuche 69
Mund 133
Mundöffnung 133

**N**ase 132, 133, 138

**Ö**lkreide(n) 61
Ölpastellkreide(n) 60
Ölwachskreide(n) 60

**P**apier
– faseriges 64
– glattes 59, 64, 79
– hartes 92
– holzfreies 58
– rauhes 59
– strukturiertes 58
Papiermesser 92, 171
Papierschrank 170
Pappmappe 170
Papprolle 170
Passepartouts 73, 109, **171**
– anfertigen 171
– bewegliche 73
– farbige 173
– weiße 173
Pastellkreide(n) 60, 72, 94, 96, 98, 151, 152
Pastellmalblock 61
Persönlichkeit 134
Perspektive(n) 34, **48–53**, 82, 92, 115, 121, 133, 166
– verzerren 52
Perspektivkonstruktion 120
Pflanzen 98–107
Phantasie 108, 162
Philipon, Charles (1806–1862) 136
Picasso, Pablo (1881–1973) 136
Piktogramm 25
Pinsel 13, **62–63**, 91, 102, 106
Pinselzeichnung 14
Plakat 17, 21, 120
Plakatkunst 17
Planung 68–77
Plastikmappe 170
Plastikradierer 58
Plastizität 34, 38, 40, 43, 91, 100, 116, 125, 148
Porträt **134–135**, 162
porträtieren 132
Profil **138–139**, 162
Profillinien 138
Proportionen 39, 44, 112, 134, 148, 149
– menschliche 124, 128

**r**adieren 60
Radiergummi 58
Raffael, Raffaello Santi (1483–1520) 13, 31
Rahmen 172
Rapidograph 63, 91
Rätsel 164–165
Räumlichkeit 48, 71, 166
Reklame 120
Rembrandt van Rijn (1606–1669) 39, 46, 47, 132
Renaissance 13, 29, 48, 124
Rodin, Auguste (1840–1917) 30
Rohrfeder 30, 62
Römer 13
Rötel 13, 60
Rousseau, Henri (1844–1910) 98
Ruhe 70

**S**chablone 59
Schatten **40, 41**, 43, 54, 89, 90, 91, 92, 96, 100, 104, 106, 116, 117, 123, 125, 134, 148
Schattenbild 165
Schattenlänge 40
Schattierung(en) 103
Schilder 120–121
Schlagschatten 40, 41, 54
Schraffur(en) 106, 125
Schreibmaschinenpapier 64
Schriftzüge 120–121
Sehgewohnheit(en) 44, 45, 166
Simplizissimus 16
Skizze(n) **28–31**, **78–79**, 114, 130, 152
Skizzenblock 79
Skizzenbuch 29, 30, 79
Skizzieren 99, 129, 130, 152
– perspektivisches 52

Spannung 46, **70–71**, 112
Spiegelung(en) 116
Spiele 164–165
Spontaneität 52
spritzen 79
Städte 114–123
Standort 48
Standpunkt 69
Stilleben 37, 80–85, **88–97**
Stimmung 75, 108, 132
Stirn 138
Strichart(en) 62, 94
Strichmöglichkeiten 59
Strichstärke 61
Struktur(en) 101, 106
Suchbilder 165, 167
Symbol 24, 25
Symmetrie 46

**T**äuschung(en), optische **166–167**, 171
Technik **56–65**, 72
Tiefenraumdarstellung 48
Tiefenwirkung 42, 103, 106
Tierbilder 151
Tiere 146–155
Tiermodell 150–151
Tierzeichnung(en) 146, 152
Tonwert 40, **42–43**, 76
Tonwertabstufung 42
Tonwertskala 42, 43
Toulouse-Lautrec, Henri de (1864–1901) 17
Turner, William (1775–1851) 29, 31
Tusche **62–63**, 88, 99, 151, 152, 158
– farbige 63
– schwarze 62
Tuschefüller 63, 91, 115, 116, 139
Tuschepatrone 62, 63
Tuschestein 62

**Ü**berschneidung(en) 36, 37, 80, 126
übertreiben 26, 82, 84, 112, 136, 154
Übertreibung(en) 39, 53, 112–113
– perspektivische 112
Umrißzeichnung 165
Untergrund 61
Unterlage 72, 79

**v**an Gogh, Vincent (1853–1890) 30, 54
Varianten 90–91
Variation 82
Vasenmalerei 13
Velour-Papier 61
verändern 53, 70, 82, 84
vereinfachen **34–39**, 100, 104, 125, 154
Vereinfachung(en) 127
Verjüngung, perspektivische 117
Verkehrszeichen 24
Vermenschlichung 144
verwischen 60, 72
Vogelperspektive 48

**W**achskreiden 94
Wasserfarben 99, 106
Watteau, Jean-Antoine (1684–1721) 30
Wechselrahmen 172
Werbung 17, 21, 64, 120
Wirkung 70
– dynamische 52

**Z**eichenfeder 76, 159
Zeichentherapie 158
Zeichnen
– naturgetreues 92
– perspektivisches 52, 53
Zeichnung(en)
– freie 52
– technische 23
Zille, Heinrich (1858–1929) 16
Zimmermannsbleistift 58

Register 175

© der Originalausgabe by FALKEN-Verlag, 65527 Niedernhausen/Ts.
Die Verwertung der Texte und Bilder, auch auszugsweise, ist ohne Zustimmung des Verlags urheberrechtswidrig und strafbar. Dies gilt auch für Vervielfältigungen, Übersetzungen, Mikroverfilmung und für die Verarbeitung mit elektronischen Systemen.

**Layout:** Bagnall Studios, München
**Text:** Ursula Bagnall
**Redaktion:** Regine Felsch
**Redaktion für diese Ausgabe:** Herta Winkler
**Herstellung:** Karin Kloß, Margrit Stüber
**Herstellung für diese Ausgabe:** Harald Kraft
**Bildquellen:**
Archiv für Kunst und Geschichte, Berlin: Seite 15 u., 30 u., 38 o., 46 u.
Bagnall Studios, München: Seite 8, 12 o., u. r., 14 o., 17 o. l., r., 31 o. l., u., 39 u., 47 o. r., 125 l., 132 o. sowie alle nicht einzeln aufgeführten Fotos
Ursula Bagnall, München: Seite 2 o. r., 9 u. r., 116 u., 117 u. l., 120/121. 150 o. r., 158 r.
Mirko Borsche, München: Seite 90/91
creativ collection Freiburg: Seite 45 r.
FALKEN Archiv: Seite 12 u. l., 13, 15 o., 16 o., u., 22 o. (Hintermeier), 23 o. (Lünser), 28 r., 29 u., 30 o., 46 o., 47 o. l., 54 u. r., 136 u.
Regine Felsch, Hünstetten: Seite 159
C. und L. Hansmann, München: Seite 14 o., 16 M., 17 u. l., 26 o r., 28 l.
Martin Jennings, Wakefield/GB: Seite 115 M., 117 u. r.
Erik Liebermann, Murnau: Seite 26/27 u.
Christiane Rückel, Idstein: Seite 158 l.
Tom Rummonds, Deisenhofen: Seite 23 u. l.
Alle übrigen Zeichnungen: Brian Bagnall, München

Die Ratschläge in diesem Buch sind von den Autoren und vom Verlag sorgfältig erwogen und geprüft, dennoch kann eine Garantie nicht übernommen werden. Eine Haftung der Autoren bzw. des Verlags und seiner Beauftragten für Personen-, Sach- und Vermögensschäden ist ausgeschlossen.

817 2635 4453 6271

1102200X0300200100